어린이를 위한 뇌과학 프로젝트

정재승의
인간탐구보고서

기획 **정재승** | 글 **정재은** | 그림 **김현민** | 심리학 자문 **이고은**

아울북

차례

펴내는 글 **6**
   <인간 탐구 보고서>를 시작하며
등장인물 소개 **12**
프롤로그 **14**
   북극에 나타난 미스터리 서클
뇌가 말랑해지는 시간, 19권 미리보기 **131**

1 지구의 조상은 외계인 ……… 20
지구인은 무서운 게 좋아

2 냐냐, 정체를 들키다! ……… 34
거짓말이 일상인 외계인
   보고서 **97** 지구인을 둘러싼 다양한 이야기

3 돌아온 보스, 황금 열쇠를 찾아 ……… 53
지구인이 만든 가상의 생명체?
   보고서 **98** 이야기를 기억하는 지구인들

4 외계인을 찾습니다 ········ 69
지구인은 호기심 덩어리
보고서 99 호기심은 참지 못하는 지구인들

5 지구인은 이야기 속에 산다 ········ 85
상상은 즐거워
보고서 100 지구인들의 헷갈리는 상상

6 루이의 영상 중독 탈출기 ········ 99
뇌도 휴식이 필요해
보고서 101 지구인의 뇌는 피곤하다?

7 임시 본부, 외계인의 침입을 받다 ········ 115

펴내는 글

<인간 탐구 보고서>를 시작하며

다시 새로운 모험이 시작되었네요

아우레 행성에서 온 지구 탐사대 라후드 일당이 인간들을 만나 좌충우돌 우여곡절을 겪으면서 인간을 이해해 가는 모험담이 10권으로 마무리되었고, 이제 새로운 모험이 시작되었습니다. 지금까지 '인간 탐구 보고서'를 아껴 주신 모든 분께 진심으로 감사드립니다. 그리고 새로운 모험을 설레는 마음으로 지켜봐 주실 어린 독자 여러분께 다시 한번 감사드립니다.

지구에 남은 라후드와 오로라 그리고 지구를 독차지하려는 루나에겐 앞으로 어떤 일들이 펼쳐질까요? 아우레로 돌아간 외계인들과 지구인을 우리는 앞으로 영영 보지 못하는 것일까요? 주름을 펴기 위해 샤포이 행성을 찾아 떠난 보스가 어떤 모습이 되었을지 무척 궁금한데, 우리는 다시 그를 볼 수 있을까요? 앞으로 10권 동안 진행될 시즌 2에서는 훨씬 더 흥미로운 모험담이 기다리고 있으니 즐겨 주시길 바랍니다.

청소년들에게 '호모 사피엔스 뇌의 경이로움'을 일깨워 주었으면

저는 여전히 어린이와 청소년들이 반드시 알아야 할 학문이 있다면, 그것은 '우리들에 대한 과학'이어야 한다고 생각합니다. 우리 인간이 왜 이렇게 행동하고 생각하는지 '마음의 과학'을 일러 주어야 한다고 말입니다. 어린 시절 우리가 무척 궁금해하고 고민하는 대부분의 것들은 바로 나와 가족, 친구들 그리고 이웃들의 마음에서 비롯된 것들이니까요.

'인간 탐구 보고서'를 통해 여러분들은 외모에 지나치게 신경 쓰고, 무언가를 자주 잊어버리고, 하루에도 몇 번씩 감정의 롤러코스터를 타며, 사춘기의 열병을 앓았던 인간 친구들의 모습을 보았습니다. 엉망진창의 선택을 하고 불안한 마음 때문에 미신인 줄 알면서도 믿고 심지어 거짓말도 곧잘 하는 인간의 모습도 배웠습니다. 라후드 같은 외계인들의 관점에서 바라보니, 인간들을 정말 이해하기 힘든 동물이었지요?

어린이들에게 마음의 과학을

'인간 탐구 보고서'를 통해 여러분들은 '마음을 탐구하는 학문'인 뇌과학과 심리학을 조금씩 배우고 있습니다. 지난 150년간 신경과학자들과 심리학자들은 '인간 뇌가 어떻게 작동하여 마음이란 걸 만들어 내는지' 꽤 많은 걸 밝혀냈는데, 이 책은 여러분들이 이해할 수 있는 언어로 과학자들이 밝혀낸 '인간 마음에 대한 모든 것'을 들려 드리기 위해 썼습니다. 이 책을 통해 나는 누구이며, 우리는 어떤 존재인지, 인간 사회는 왜 이렇게 돌아가는지, 진짜 유익한 지식들을 배워 나가길 바랍니다.

초등학생이었던 저희 딸들도 뇌과학을 이해했으면 좋겠다는 마음으로 처음 '인간 탐구 보고서'를 쓰기 시작하였는데, 이 책은 이제 세상의 모든 아들과 딸들을 위해 '어린이와 청소년들을 위한 뇌과학' 책으로 성장하고 있습니다. 2010년 무렵부터 준비된 이 책이 2019년 처음 세상에 선보인 이래 벌써 10권이나 출간되었다니 마음이 벅차오릅니다. 바라건대, 이 책이 혼란스러운 어린 시절과 고민 많은 사춘기를 관통하게 될 모든 10대들에게 '나에 대한 친절한 가이드북'이 되었으면 합니다. 뇌과학과 심리학이 그들을 유익한 방황과 진지한 성찰로 인도해 주길 소망합니다.

인간의 일상을 낯설게 관찰하기

이 책의 가장 큰 매력은 외계인의 시선으로 인간을 탐구하고 있다

는 것입니다. 아우레 행성으로부터 지구로 찾아온 외계 생명체 아싸, 바바, 오로라, 라후드가 겪게 되는 좌충우돌 모험담이 무척이나 흥미롭지요. 우리 인간들을 물리치고 지구를 점령할지, 인간들과 공존하며 지구에서 함께 살지 알아보기 위해 인간을 탐구하며 보고서를 송신하는 그들은 우리와 어느새 닮아 가고 있습니다.

어린 독자들은 이 책을 펼치면서 외계인의 시선으로 인간을 바라보는 낯선 경험을 하게 됩니다. 아싸와 아우레 탐사대처럼 인간을 관찰한 후 '탐구 보고서'를 아우레 행성으로 보내는 과정에 함께 참여할 것입니다. 이 과정을 통해 어린이와 청소년들이 우리들의 평범하고 당연한 일상을 낯설게 바라보는 경험을 하게 되길 바랍니다. 마치 우리가 곤충을 관찰하고 기록 일기를 쓰듯이, 인간의 일상을 관찰하고 탐구 보고서를 쓰면서 우리를 돌아보길 희망합니다.

인간이라는 사랑스럽고 경이로운 생명체

저는 이 책을 읽으면서 어린 독자들이 우리 인간들을 비로소 '이해'하고 덕분에 더욱 '사랑'하게 되리라 확신합니다. 외계 생명체 라후드처럼 '인간은 정말 이해 못 할 이상한 동물'이라고 여겼다가, 우리들을 더욱 이해하게 될 것입니다. 아싸와 아우레 탐사대가 그렇듯, 우리 어린이들도 이 책과 함께 인간 존재의 신비로움을 깨닫게 될 것입니다. 그러면서 결국 외계 생명체 아우린들이 '인간이 얼마나 사랑할 만한 존재'인지 알아주었으면 합니다. 때론 감정적이고 비합리적이며 종종 충동적이고 가끔 폭력적이기까지 한 존재이지만, 인간 내면의 실체를 알게 되었을 때, 우리 호모 사피엔스가 얼마나 사랑스러운 존재인지 깨달았으면 좋겠습니다. 아우레 행성의 외계 생명체들이 제발 우리를 지배하려 하지 말고, 우리 인간들의 사랑스러운 매력에 빠져주길 바랍니다. 무엇보다도, 인간의 뇌는 이성과 감성이라는 두 말이 이끄는 쌍두마차로서, 우리가 사는 세상을 좀 더 근사한 곳으로 만들기 위해 끊임없이 애쓰는 경이로운 기관임을 아우린들과 어린 독자들이 알아주었으면 합니다.

인간의 숲으로 도전적인 탐험을!

인간이 어떤 존재인지 모두 알게 되는 그날까지, 라후드와 아우레 탐사대의 '인간 탐구 보고서'는 계속될 것입니다. 호모 사피엔스의 뇌가 가진 경이로운 능력, 사랑스러운 매력이 외계 생명체들에게 충분히 이해될 때까지 보고서는 결코 멈추지 않을 것입니다. 그 과정에서 우리 어린 독자들 또한 인간에 대한 이해가 더욱 깊어지시겠지요? 외계

생명체 아우린들이 흥미롭게 써 내려간 '인간 탐구 보고서'에서 어린이들과 청소년들이 나를 발견하는 놀라운 경험을 하게 되길 진심으로 기대합니다. '인간 탐구 보고서'는 지구를 지배하기 위해 아우레 행성의 정복자들이 작성한 무시무시한 보고서가 아니라, 인간이라는 숲을 탐색하는 외계 탐험가의 애정 어린 편지이니까요.

자, 이제 다시 한번 외계인의 마음으로 인간 탐험을 흥미롭게 즐겨 주시길!

정재승 (KAIST 뇌인지과학과+융합인재학부 교수)

등장인물

이러다 진짜 지구인이 되어 버리는 것은 아닐까?
돈도 벌고 다른 외계인들도 챙기느라 바쁜 아우레
탐사대장. 안 그래도 할 일이 산더미인데,
동네에 도는 수상한 소문까지 신경 써야 한다고?

오로라

바바와 아싸는 지구에 남은 아우린을 잊은 걸까?
탕탕면이 좋긴 하지만 더 이상 정체가
발각될까 봐 벌벌 떨면서 살 수는 없는
아우레의 외계 문명 전문가. 큰 위기가 닥친 지금
왜 하필 가장 중요한 물건이 없어진 거야?

라후드

지구인의 조상은 외계인이라고 믿는 호리호리 행성인.
외계 향수병도 물리쳤으니 다시 지구를 탐험하러
가 볼까? 도됴리는 생전 처음 도착한 곳에서
생전 처음 보는 생명체를 마주하게 된다.

도됴리

보스

자신의 소원이던 팽팽한 피부를
포기하고 지구를 구하기 위해 나선 지구인.
과연 보스는 스피보다 먼저 라후드를
만나러 갈 수 있을까?

루이

웹툰은 그리고 싶은데
아이디어는 없는 웹툰 작가.
아이디어를 얻기 위해 찾은 방법이
오히려 역효과를 불러오는데….

최고

학교에서는 무시무시한 소문이 돌고,
집에서는 키우던 고양이가 사라졌다.
하루하루 걱정이 쌓여 가는
초등학생 지구인.

비밀요원

지구에서 외계인의 흔적이 발견됐다고?
지구에 떨어졌다는 외계 물질의
출처를 찾기 위해 고군분투 중이던
그들은 낯선 동네에 당도한다.

프롤로그

북극에 나타난
미스터리 서클

북극에 미스터리 서클이 나타났다는 소문은 빠르게 퍼졌다. 미스터리 서클은 넓은 풀밭이나 밀밭, 옥수수밭 등지에 갑자기 나타나는 매우 크고 특이한 문양이다.

　누가, 어떻게, 언제 만들었는지 확인된 적이 없어서 외계인이 만들었다고 믿는 지구인들이 많았다.

　우주국 외계인부의 비밀 요원 37호와 38호도 북극의 미스터리 서클을 확인하러 왔다. 그럴 가능성은 희박하지만 진짜 외계인의 흔적일지도 모르니까.

1
지구인의 조상은 외계인

지구인은 무서운 게 좋아

도됴리는 최고와 나란히 엎드려 만화책을 보다가 고개를 번쩍 들었다.

"지구인의 조상이 외계인이냐?"

"응, 너도 외계인의 후손 아니야?"

최고는 장난스럽게 말했다.

안 그래도 큰 도됴리의 눈이 놀라서 더 커졌다.

"최고는 천재냐? 어떻게 알았지?"

"딱 보면 알지. 이 외계인 너 닮았잖아. 키만 빼고. 작가도 외계인의 자손인가? 너어어무 잘생기게 그렸잖아."

도됴리는 만화책을 들고 우당탕탕 임시 본부로 뛰어갔다.

"오로라, 라후드! 외계인이다!"

도됴리는 임시 본부가 떠나갈 듯 요란하게 뛰어왔다. 오로라는 도됴리의 입을 다급하게 틀어막았다. 이러다가 정체가 들통날지도 모른다고!

하지만 라후드는 시끌벅적한 도됴리의 말썽이 반가웠다. 외계 향수병이 나아간다는 증거니까.

도됴리는 딸기를 무려 120박스나 먹고 외계 향수병이 나았다. 딸기 맛이 고향인 호리호리 행성에서 좋아했던 바바프샤의 맛과 똑같아서 고향에 대한 그리움이 줄어든다.

도됴리가 딸기를 먹는 동안 오로라는 비싼 딸기값 때문에 매일 야근을 했다. 그러다가 산책 중에 길고양이 17마리와 싸우고 온 하룻강아지 치와와에게 손가락을 물렸다. 외계인을 물어뜯는 용맹한 치와와의 세균과 바이러스에 감염된다면 아우레의 용맹한 오로라도 무사하지 못할 것이다.

오로라는 치와와의 공격으로 찢어진 지구인 슈트를 '다붙여 접착제'로 붙이고 일했다. 이런 희생도 모르고 도됴리는 정체를 숨기라는 단 하나의 요구 사항도 지키지 않는다. 지금까지 정체가 발각되지 않은 것은 도됴리가 정체를 잘 숨겨서가 아니다. 지구인들이 눈앞의 외계인도 못 알아봤기 때문이다.

"도됴리, '외계인'이라는 말은 꺼내지도 마라."

오로라는 경고했다.

외계 향수병이 나은 도됴리는 다시 학교에 갔다. 어린이 지구인 슈트를 선택한 이상 학교에 다니지 않을 방법은 없었다.

"학교 그만 가고 싶다. 변신할 거야. 내 지구인 슈트는 뭐든지 될 수 있다. 지구 동물, 지구 할아버지, 다른 행성 외계인!"

"최고다. 내 지구인 친구."

도됴리는 학교는 가기 싫다면서도 다시 지구인 슈트를 아싸의 모습으로 바꾸고 임시 본부를 뛰쳐나갔다.

"도됴리는 친구를 좋아하는 어린 지구인들과 똑같다."

라후드의 말에 오로라는 한시름 놓았다.

"다행이다. 지구인 친구 덕분에 외계 향수병이 도지진 않겠다."

학교에 커다란 트럭이 들어와 있었다. 교장 선생님이 평생 모은 과학 자료를 학교 과학실에 기증했다. 학생들이 실감 나는 자료들을 보고 과학에 푹 빠지길 바라는 마음에서였다.

하지만 교장 선생님의 바람과 달리 학교에는 과학 열풍이 불지 않았다. 과학적으로 증명할 길이 없는 괴담 열풍만 불었다. 교장 선생님의 바람보다 강력한 귀신 폭풍이었다.

과학실 귀신 이야기는 학교에 쫙 퍼졌다.

아이들은 과학실 귀신을 무서워하면서도 귀신 이야기는 즐겼다. 누군가 귀신 이야기를 시작하면 귀를 막는 척했지만, 사실 다들 귀를 쫑긋하고 들었다.

최고도 과학실 괴담에 빠져들었다. 흘러가는 소문을 어쩌다 주워듣는 게 아니라 일부러 이야기를 찾아다녔다. 귀신은 무섭지만 자신만 그 귀신에 대해 모른다고 생각하면 더 소름 끼쳤다. 귀신이 언제, 어디서 나올지 미리 대비하고 싶었다.

어느새 과학실은 학생들이 제일 두려워하는 장소가 되었다. 다행히 최고의 반은 교실에서 과학 수업을 해서 과학실에 갈 일이 없었다. 선생님이 준비물을 깜빡하지 않으면……

선생님의 입에서 '과학실'이라는 단어가 떨어지자마자 교실 분위기가 싹 변했다. 놀란 숨을 들이마시고, 두리번두리번 눈빛을 교환하고, 수군수군 술렁거리다가 누군가 톡 터트렸다.

"과학실에서 귀신 나와요."

아이들은 갑자기 꽥 비명을 지르며 귀신에 대해 떠들었다. 도됴리는 귀신을 보겠다고 나섰다.

아이들은 도됴리에게 귀신 피하는 방법을 친절하게 알려 주었다. 최고는 복도까지 도됴리를 쫓아 나가 외쳤다.

"귀신에게 절대 인사하면 안 돼. 알았지?"

"응, 인사. 알았어."

최고는 발을 동동 구르다가 도됴리를 따라갔다. 아무리 무서워도 친구가 귀신에게 잡혀 가는 꼴은 볼 수 없었다.

"인사하면 안 돼. 귀신 나온다고!"

"안 나오는데?"

도됴리는 과학실을 한 바퀴 둘러보고 최고를 돌아보았다.

"돌아보지 마. 돌아보면 귀신 나와."

도됴리는 몇 번이나 돌아보았지만 귀신은 나오지 않았다.

최고는 귀신을 봤다고 믿었지만, 도됴리는 끝내 과학실 귀신을 못 만났다. 귀신은 밤에 돌아다니기 좋아한다는 말을 듣고 과학실에 숨어 한밤중까지 기다리기도 했지만, 귀신 대신 경비 아저씨를 만나서 혼만 났다.

어린이들은 대개 귀신을 무서워하는데, 아싸는 왜 귀신을 찾아다닐까? 아싸가 사실은 모험심 넘치는 외계인이라는 사실을 꿈에도 모르고, 최고가 물었다.

"아싸야, 귀신 무서운데 왜 만나고 싶어?"

"무서우면 재밌잖아. 난 지구에서 제일 재미있고 싶다."

'재미'를 못 찾은 도됴리는 매우 실망한 표정이었다. 의기소침해 보이기까지 했다. 최고는 도됴리를 위해 엊그제 보았던 영상을 보여 주었다.

"귀신은 아닌데 꽤 무서운 괴물이 있어. 왕발이라고. 숲에 사는 괴물인데, 진짜로 본 사람이 많대. 난 못 봤어. 외국에 살거든."

최고의 이야기에 귀가 쫑긋 선 도됴리는 임시 본부로 돌아오자마자 괴물 영상을 오로라와 라후드에게 보여 주었다.

"지구에 괴물이 있다."

영상 속 깊은 숲속에서 갈색 털복숭이 생물이 천천히 걷고 있었다. 멀리서 찍어서 얼굴은 잘 보이지 않지만 커다란 몸집과 갈색 털이 꼭⋯⋯.

"라후드와 똑 닮았다."

도됴리가 영상 속 왕발과 라후드를 번갈아 보면서 말했다. 왕발은 아우레 최고의 지구 전문가라고 자부하는 라후드도 처음 보는 생물이었다.

"오로라, 정말 왕발이 먼 옛날 지구에 왔던 외계인, 내 조상의 후손 아닐까?"

라후드는 자신의 조상이 왕발로 진화하는 모습을 상상했다. 하지만 높은 이성의 오로라는 화면에 적힌 '미스터리'라는 제목만 보고도 금방 왕발의 실체를 알아차렸다.

"저건 지구인이 지어낸 상상의 동물이다. 실재하지 않는다."

"존재한다. 내가 찾아서 조상이 외계인이냐고 물어볼 거다. 라후드, 네 조상일지도 모르니 같이 가자."

도됴리가 라후드에게 말했다. 라후드는 당연히 찬성이었다.

"내 조상이면 내가 가야지. 가도 되지, 오로라?"

라후드는 탐사대장 오로라의 허락 없이 떠날 수 없었다.

"라후드, 귀환 우주선이 올 수 있으니 꼼짝 말고 기다려라. 도됴리, 꼭 왕발을 찾아라. 지구인 슈트는 안전하게 어른 모습으로 바꿔라."

도됴리는 결국 혼자서 임시 본부를 나섰다.

"이제 도됴리 때문에 정체를 들킬 위험은 없다."

오로라는 매우 안심했다. 하지만 라후드는 아쉬웠다.

"왕발이 정말 내 친척이면 내가 만나는 게 예의 아닐까?"

오로라는 상상과 현실 사이에서 자꾸 흔들리는 라후드의 낮은 이성을 이해하지 못했다. 그래도 이제 그런 라후드에게 익숙해져서 그럴듯한 대꾸를 할 수 있었다.

"라후드, 외계인의 후손이 굳이 깊은 산속으로 들어갔다면 이유가 있을 거다. 혼자 있고 싶은데 자꾸 찾아가는 것도 민폐다."

2

냐냐, 정체를 들키다!

거짓말이 일상인 외계인

라이언이 사라졌다. 집 안 어디에도 고양이는 없었다. 최고는 곧장 밖으로 뛰쳐나갔다. 심장이 쿵쾅거려 터질 것 같았다. 라이언이 길을 잃었으면 어떡하지? 행동이 느리고 굼떠서 다른 고양이들에게 밀릴 텐데……. 어쩌면 벌써 길고양이들의 대장인 누룽지에게 쫓겨서 멀리 도망갔을지도 몰라. 최고는 그만 울음이 터졌다.

"으허헝, 라이언! 라이언, 어디 있어?"

최고는 라이언을 애타게 불렀다. 오늘따라 집 주위에 길고양이들이 많아서 더 걱정되었다.

최고는 집 쪽으로 걸어오는 라후드와 오로라를 붙잡고 물었다.

"우리 라이언 봤어요? 집 나갔나 봐요."

지구 문명 전문가 라후드는 눈물이 그렁그렁한 이웃 어린이를 대하는 어른 지구인의 적절한 자세를 취했다.

"같이 찾아보자. 찾을 수 있을 거야."

오로라는 벌써 곁에 있는 길고양이 무리에 다가갔다. 라후드보다 더 상냥한 지구인 행세를 하는 걸까?

"고양이들의 수가 두 배로 늘었다. 서 있는 모양새는 꼭 군인들 같고……."

오로라는 평소와 다른 현상을 주의 깊게 관찰했다.

갑자기 고양이들의 대열이 흐트러졌다.

"역시 우연이군. 지구 고양이는 줄을 나란히 맞춰 설 만큼 두뇌가 발달하지 않았다."

오로라는 외계인다운 말을 하며 임시 본부로 들어가 버렸다. 멍한 표정으로 서 있는 최고는 라후드가 혼자 감당해야 했다.

"최고야, 아저씨가 라이언 같이 찾아 줄게."

라후드와 최고가 다가가자 길고양이들은 그들을 포위하듯 둘러쌌다.

일등학원 앞에 모인 고양이 무리는 평범한 지구 고양이들이 아니었다. 지구를 정복하러 온 냐냐 특공대와 그들의 지원군인 냐냐 돌격대였다.

냐냐 특공대는 벌써 한참 전에 지구에 도착했지만 몸 크기와 개체 수의 열세로 고향 행성에 지원군을 요청했고, 용맹한 특수부대 냐냐 돌격대가 도착한 것이다.

돌격대장은 당장 지구를 정복하고 지구인들을 지배하고 싶어서 엉덩이가 들썩거렸다.

"냐냐, 지구인 별거 아니다. 냐냐, 당장 정복하자."

하지만 먼저 지구에 도착한 특공대장은 신중한 편이었다.

"냐냐, 기다려라. 지구인이 특공대원 5호를 포로로 잡고 있다. 5호를 찾은 다음에 지구인을 정복하자. 냐냐, 5호가 모은 정보들 토대로 작전을 짜면 우리 쪽 피해가 없이 단숨에 지구를 정복할 수 있다."

성질 급한 돌격대장에게 기다림은 있을 수 없었다. 돌격대장은 귀를 쫑긋거리며 주위를 둘러보았다.

"냐냐, 나는 용맹한 돌격대장이다. 지구인이 아니면 지구 뭐라도 빨리 정복한다."

정보에 의하면 지구에는 약 100만 종이 넘는 생물이 산다. 그중 지구인을 빼면 당장 돌격대장의 눈에 띄는 동물은……

루나는 고양이들의 공격을 피해 달아났다가 금세 지구인의 모습이 되어 다시 나타났다. 그리고 바로 복수를 시작했다.

루나는 통신기를 귀에 바짝 가져갔다.

"안녕하세요. 거기 동물 보호 센터죠? 여기 고양이가……."

루나의 변신을 본 냐냐 돌격대장은 그 자리에 얼어붙을 수밖에 없었다.

그날 밤 동물 보호 센터에서 나온 봉사자들이 일등학원 앞에 모였다. 그들은 어둠 속에서 조용히 고양이 포획 틀을 놓았다. 포획 틀 안에 고소하고 비릿한 냄새가 진동하는 참치 캔을 넣어 두는 것도 잊지 않았다.

냐냐 특공대와 돌격대는 풀숲에 숨어 지구인들의 움직임을 관찰했다. 신중한 특공대장은 수상함을 느꼈다.

"냐냐, 매일 밤 먹이를 주던 지구인들이 아니다. 낯선 지구인이다. 냐냐, 조심스러운 움직임, 수상하다."

하지만 식탐 많은 돌격대장은 코를 벌름거리며 음식 냄새를 향해 진격했다. 용맹한 돌격대원들이 우르르 그 뒤를 따랐다.

"안전이 확인되지 않았다. 냐냐, 먼저 정찰병을 보낸다."

말리는 특공대장에게 돌격대장은 냥 펀치를 날리고, 참치 캔을 향해 뛰어들었다.

동물병원에 길고양이 수십 마리가 잡혀 왔다. 수의사 선생님은 깜짝 놀라 물었다.

　"이 동네에 길고양이가 이렇게 많았나요?"

　"갑자기 늘었나 봐요. 길고양이들이 말썽 부린다는 신고가 들어와서 긴급 포획했어요. 신체검사하고 중성화시켜서 입양 보내려고요. 다들 너무 예뻐서 입양 잘 갈 것 같죠?"

　동물 보호소 포획팀은 고양이들이 귀여워 죽겠다는 눈빛이었다. 하지만 수의사의 눈에는 앞발로 철창을 긁어 대는, 유난히 성질이 사나운 고양이들로만 보였다.

　"오로라 쌤, 고양이들 좀 진정시켜 주세요."

　오로라는 고양이들을 날카롭게 쳐다보며 인간들은 들을 수 없는 초저주파음으로 속삭였다.

고양이들은 오로라의 매서운 눈빛과 호랑이 울음소리를 전혀 두려워하지 않았다. 하룻강아지 치와와에 이어 두 번째였다.

'세상 물정 모르는 어린 동물도 아닌데 왜 안 통하지?'

높은 이성의 오로라는 고양이들을 자세히 관찰했다. 고양이들의 귀와 꼬리 무늬가 야광처럼 빛났다. 지구인들은 볼 수 없는 영역의 빛이었다.

오로라는 지구인들이 들을 수 없는 소리로 물었다.

"너희들 진짜 지구 고양이가 아니지? 정체가 뭐냐?"

고양이들은 놀란 눈으로 오로라를 쳐다보며 입을 다물었다. 자신들의 정체를 함부로 발설하지 않겠다는 뜻이었다.

하지만 아우레의 가장 뛰어난 군인 오로라는 제일 사나운 고양이 한 마리를 빠르게 잡아 다른 방으로 데려갔다.

네 입으로 정체를 밝힐래, 내가 밝혀 줄까?

"냐냐, 도와주라, 외계인. 냐냐, 탈출시켜 달라."

냐냐 돌격대장은 오로라에게 빌었다. 오로라는 고민하는 척 시간을 끌더니 말했다.

"좋다. 단, 은혜를 갚겠다고 약속해라."

돌격대장은 빠르게 고개를 끄덕였다.

"냐냐, 약속한다. 냐냐 행성인은 약속은 꼭 지킨다, 냐냐!"

오로라는 약속을 단단히 받고 냐냐 외계인 탈출 작전을 시작했다.

"원장 선생님, 고양이들이 너무 흥분해서 검사가 어려울 것 같습니다. 좀 더 안정되면 시작하는 게 어떨까요?"

오로라는 지구인처럼 거짓말을 하고 고양이 포획 틀을 출입문 옆에 쌓아 두었다.

동물병원이 바쁘게 돌아가는 틈을 타 오로라는 포획 틀의 문을 몰래 열어 두었다.

잠시 뒤, 포획된 고양이들을 확인하러 온 수의사 선생님은 깜짝 놀라고 말았다. 그 많던 고양이들이 다 없어진 것이다.

"어머, 고양이들이 사라졌네!"

오로라는 그 말에 시치미를 뚝 뗐다.

오로라는 녹초가 되어 퇴근했다. 지구인도 고양이 외계인도 없는 임시 본부에서 푹 쉬고 싶었다. 그런데 임시 본부로 막 들어가려는 순간, 옥상으로 가는 계단 밑에서 부스럭 소리가 나더니 쌓아 둔 상자가 와르르 무너졌다.

"누구냐?"

오로라는 재빨리 상자를 뒤져 숨어 있던 털 뭉치를 찾아냈다.

"야옹."

최고가 애타게 찾던 라이언이었다. 오로라는 라이언을 들어 올렸다. 라이언의 귀와 꼬리가 선명하게 빛났다.

"냐냐 행성인이냐?"

라이언은 최선을 다해 야옹야옹, 지구 고양이 흉내를 냈다.

"냐냐 행성인이면 같은 무리에게 보내 주려고 했는데, 그냥 최고에게 데려다줘야겠군."

오로라는 라이언을 안고 계단을 하나, 둘 내려갔다. 라이언이 다급히 속삭였다.

"냐냐, 냐냐 행성인 맞다. 냐냐 특공대 5호다. 냐냐, 날 어쩔 거냐?"

"널 냐냐 행성인들에게 보내 주마."

뜻밖의 반응에 라이언은 어리둥절해서 눈만 끔뻑거렸다. 오로라는 냐냐 돌격대에게 했던 것과 똑같은 조건을 제시했다.

"대신 조건이 있다. 은혜를 갚겠다고 약속해라."

"냐냐, 약속! 꼭 지킨다, 냐냐."

오로라가 3층 계단을 막 지났을 때 최고네 집 현관문이 벌컥 열렸다.

오로라는 오늘만 벌써 두 번째로 지구인에게 거짓말을 하고 두 번째로 외계인의 탈출을 도왔다.

길바닥에 상자를 내려 놓자 라이언은 부리나케 뛰어갔다.

"약속, 잊지 말도록!"

서둘러 뛰어가는 라이언 뒤로 오로라가 속삭였다.

보고서 97
지구인을 둘러싼 다양한 이야기

작성자: 라후드

★ 도됴리의 외계 향수병은 다행히 잘 나아가고 있음. 매일 딸기를 얼마나 많이 먹는지 오로라가 동물병원에서 번 돈 대부분이 딸기값으로 나가는 중.

★ 오로라의 퇴근 시간이 점점 늦어지고 강철 체력인 줄 알았던 오로라도 지구인들처럼 조금씩 피곤해 보이기 시작함. 동물병원에서 일하는 게 너무 힘든가? 나도 일을 해서 돈을 벌어야 되나 고민됨.

★ 도됴리의 지구인 친구 최고가 도됴리에게 지구에 우리의 조상이 살고 있다고 말했나 봄. 이름은 왕발이라는데, 도됴리는 왕발을 찾으러 떠나겠다고 고집부림. 내 조상의 후손이면 나도 보고 싶은데…….

★ 임시 본부를 떠나는 도됴리의 뒷모습을 바라보는 오로라의 표정이 흐뭇해 보였음. 오로라에게도 자식을 사회로 내보내는 지구인 부모의 마음이 드는 줄 알았는데, 오로라는 그저 도됴리 때문에 정체가 들킬 위험이 사라져서 좋아하는 것이었음. 역시 오로라는 뼛속까지 아우린임.

★ 도됴리가 떠난 사이에 최고의 고양이가 사라짐! 최고가 고양이를 찾느라 임시 본부에 도됴리를 찾아오는 일이 줄었으니, 오히려 아우린에게는 잘된 일일지도?

지구인은 무서운 것을 좋아한다

- 지구인의 감정은 여러 종류가 있는데, 그중 하나가 바로 '공포'. 공포는 크게 두 가지 정도로 나뉨. 하나는 본능적으로 느끼는 타고난 공포이고, 또 하나는 트라우마 등 경험을 통해 학습된 공포임.

- 공포를 마주하면 위험을 인식하고 학습, 기억을 담당하는 '편도체'가 활성화됨. 편도체는 즉각적으로 대상이 얼마나 위험한지 판단하고, '시상 하부'는 스트레스 호르몬인 '코르티솔'을 분비해 몸을 전투 상태로 만들어 언제든 맞서 싸우거나 도망칠 수 있게 함.

- 공포는 몸에 극심한 스트레스를 줄 수 있음. 지구인들은 스트레스를 싫어해서 당연히 공포도 싫어할 것 같지만, 사실 지구인들은 무서운 걸 좋아함. 귀신이나 괴물같이 상상으로 만들어 낸 으스스한 존재에 관한 괴담을 쉬지 않고 떠들고 무서운 영화를 찾아보는 것이 그 증거. 지구인들은 왜 무서운 것을 찾아다닐까?

- 지구 과학자들은 괴담이나 무서운 영화는 현실이 아니어서 그렇다고 함. 이야기 속 장면이 무섭지만 현실은 아니기 때문에 실제로 도망칠 필요는 없음. 즉 근육을 움직이거나 열을 내지 않고, 땀만 많이 나고 감각이 예민해지기만 함. 이때 땀이 식으면서 오싹하고 서늘한 기분이 듦. 게다가 공포가 사라지는 순간에는 '죽음에서 살아남았다'는 생각에 일시적으로 '아드레날린'이 분비되어 짜릿한 쾌감을 느낄 수 있다고 함. 공포는 지구인의 스트레스 해소 수단이기도 한 것(단, 편도체가 너무 예민한 지구인은 오히려 더 큰 스트레스를 받을 수 있으니 조심!).

같은 이야기도 다르게 이해하는 이유

- 지구인들은 같은 이야기를 듣고 같은 장면을 보고도 서로 다르게 받아들이는 경우가 많음. 과학실의 뼈 모형을 보고 누군가는 과학 지식을 떠올리고, 누군가는 무시무시한 과학실 귀신을 생각하는 식임.

- 지구인 뇌는 지구인이 보고 듣고 느끼는 모든 것을 있는 그대로 받아들인 뒤 자신의 방식대로 재구성함. 이때 중요한 역할을 하는 것이 바로 뇌의 신경망, '시냅스'. 지구인 뇌에는 1000억 개가 넘는 '뉴런(신경 세포)'이 존재하고, 각각의 신경 세포를 연결하는 시냅스가 100조 개 이상 있음. 시냅스는 뉴런 사이의 신호를 전달해 뇌의 정보 처리에 중요한 역할을 함.

- 그런데 그중 활발히 활동하는 시냅스와 그러지 않는 시냅스가 있음. 뇌는 외부 자극에 끊임없이 영향을 받고 변화하는 성질이 있는데, 이를 '신경 가소성'이라 부름. 예를 들어, 평소 귀신 이야기를 많이 접하고 과학 이야기는 덜 접한 지구인은 귀신에 관한 시냅스가 발달하고 과학에 관한 시냅스는 약해짐. 이런 지구인은 평범한 뼈 모형을 봤을 때 과학보다는 귀신 생각을 더 빨리 떠올리게 됨. 귀신 생각으로 가는 고속도로가 뚫리는 것과 비슷함.

- 특히 영유아기는 수많은 시냅스가 폭발적으로 만들어졌다가 사용하지 않는 시냅스는 약해지는 '시냅스 가지치기'가 활발히 일어나는 시기임. 이 시기에 어떤 경험을 하느냐가 지구인 평생의 사고방식을 결정하게 됨. 아기 지구인들에게 외계인에 대한 좋은 기억을 심어 주면 지구인과의 공존이 가능해질까? 시도해 볼 가치가 있어 보임.

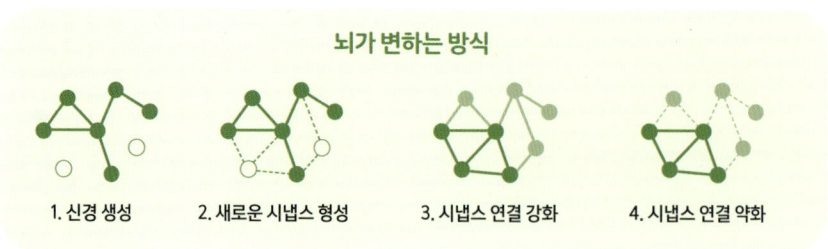

뇌가 변하는 방식

1. 신경 생성　2. 새로운 시냅스 형성　3. 시냅스 연결 강화　4. 시냅스 연결 약화

3

돌아온 보스, 황금 열쇠를 찾아

지구인이 만든 가상의 생명체?

보스는 힘겹게 눈을 떴다. 온몸이 욱신욱신 아픈 걸 보니 아직 죽지는 않았다. 보스는 착륙선의 문을 열고 힘겹게 기어 나왔다. 온 세상이 하얗게 빛났다. 너무나 눈이 부셔서 저도 모르게 눈을 감았다가, 소름 끼치도록 찬 바람이 얼굴을 때리는 바람에 다시 눈을 떴다.

"하필이면 추운 눈밭에 떨어질 게 뭐야? 괜히 왔나."

투덜거리는 보스의 입꼬리가 살짝 올라갔다.

습관처럼 불평을 했지만 사실 지구에 무사히 도착해서 기쁘기 그지없었다. 부웅, 보스를 내려 준 착륙선은 하늘로 날아가 버렸다.

보스는 사라지는 우주선을 바라보다 문득 소리쳤다.

"아, 스피!"

스피가 타고 온 착륙선은 보이지 않았다.

"스피가 루나를 만나기 전에 내가 먼저 라후드 씨를 만나야 해."

보스는 위성 통신기로 보스 연구소에 통신을 걸었지만 먹통이었다. 우주에서 통신기의 배터리가 다 닳아 버린 것이다.

어떡하나……. 보스는 주변을 둘러보았다. 온통 흰 눈뿐, 사람 흔적도 외계인 흔적도 보이지 않았다. 보스의 어깨가 부르르 떨렸다.

"우주에 있을 때보다 더 막막하군."

그때, 막막한 설원의 끝에서 불현듯 검은 점들이 나타났다. 점들은 빠른 속도로 커지더니 컹컹컹, 보스에게 다가왔다.

개 썰매를 타고 온 가족은 보스를 자신들의 집으로 데려갔다. 따뜻한 차를 주고, 털옷을 빌려주고, 하룻밤 쉬어 가라고 소파도 내주었다. 무엇보다 자전거 발전기를 돌려 얻은 정성스러운 전기로 보스의 위성 통신기를 충전해 주었다.

친절한 가족 덕분에 보스는 연구소에 있는 검은 양복과의 통신에 성공했다. 검은 양복은 보스의 목소리를 듣자마자 울음을 터뜨렸다.

"보스? 무사하시죠? 보고 싶었잖아요. 거기서 딱 기다리세요."

검은 양복은 재빨리 연구소에서 뛰쳐나갔다.

"쯧쯧, 또 울면서 뛰어나갔군."

보스는 냉정하지 못하고 감정에 휘둘리는 검은 양복의 일 처리가 늘 못마땅했었다. 하지만 지금은 자신을 걱정해 준 진심이 느껴져 코끝이 찡해졌다. 보스야말로 감정에 휘둘리고 있었다.

"지금 콧물이나 훌쩍일 때가 아니지. 라후드 씨의 안전을 확인해야 해."

보스는 라후드에게 준 황금 열쇠의 위치를 추적했다. 부디 라후드가 안전한 보스 저택에 머물고 있길 바라며.

"엥? 여기가 어디야?"

라후드에게 준 황금 열쇠는 전혀 엉뚱한 곳에 있었다. 왕발 괴물 전설로 유명한 깊은 숲속이었다. 용감한 모험가들도 종종 재난을 당하는 위험한 숲으로, 근처에 보스의 황금 열쇠로 갈 수 있는 저택이나 도움을 구할 수 있는 마을이 전혀 없는 외딴 곳이었다.

"당장 라후드 씨를 구하러 가야 해!"

보스는 벌떡 일어났다. 옆에 있던 아이가 보스의 옷자락을 붙잡았다.

"할머니, 밤에는 밖에 나가면 안 돼요. 하얀 괴물이 쫓아와서 길을 잃게 만들어요. 큰일 나요."

밤에 어린아이들이 길을 잃을까 봐 바깥에 나가지 못하게 하려고 만들어 낸 이야기 같았다.

보스가 어릴 때 보스의 할머니도 종종 그런 이야기를 해 주었다.

어린 보스는 밤사이 쥐가 보스의 머리카락을 주워 먹고 보스로 변신해서 할머니를 찾아오는 상상을 했다. 꺼림칙해서 온몸에 소름이 돋았다.

"거짓말."

그러면 할머니는 떨어진 머리카락을 주워 쓰레기통에 버리며 말했다.

"진짠데?"

"그래, 하얀 괴물이 나타나면 무서우니까 내일 아침에 떠나마."

지구에 돌아온 첫날 밤, 보스는 잠이 안 올 것 같았다. 하지만 지구의 중력이 보스의 몸을 딱 편안하게 끌어당기는 바람에 금세 푹 잠이 들었다. 보스는 거실에 있는 소파에 누워 드르렁 코를 골며 세상 모르게 잤다.

그다음 날 해가 뜨기도 전에 검은 양복이 도착했다. 검은 양복은 보스를 보자마자 다시 울음을 터뜨렸다. 안도와 기쁨이 섞인 눈물과 콧물을 줄줄 쏟아 내며 질문을 퍼부었다.

"보스, 그동안 어디 있었어요? 연락은 왜 안 했어요? 진짜 우주로 갔어요?"

보스는 대답 대신 왕발이 산다는 숲의 좌표를 내밀었다.

"라후드 씨가 여기 있어. 당장 출발해야 돼."

"라후드 씨, 내가 구해 줄게."

"근데 라후드 씨가 왜 거기 있어요? 여행 갔나?"

보스와 검은 양복은 왕발이 산다는 숲의 가장자리에 내렸다. 가파른 암벽과 협곡, 그 너머로 펼쳐진 빽빽한 침엽수림 한가운데에서 황금 열쇠의 위치가 깜빡였다. 비행기로는 갈 수 없는 험준한 지형이었다. 보스와 검은 양복은 걸어서 이동했다.

"보스, 무릎 괜찮아요?"

"난 할머니가 아니야!"

보스는 버럭 화를 내고 뚜벅뚜벅 산을 올랐다. 얼마나 걸었을까? 키가 큰 나무들이 하늘을 막아 숲은 점점 어두워졌다. 검은 양복은 더럭 겁이 났다. 이 숲에서 왕발 괴물이 나온다는 이야기가 괜히 만들어진 게 아닌 것 같았다. 검은 양복은 구조 신호를 보낼 때 쓰는 신호총을 꽉 쥐고 보스에게 바짝 붙었다.

보스 일행과 조금 떨어진 숲에서는 도됴리가 왕발을 찾아 헤매고 있었다. 도됴리는 몇 번이나 미끄러지며 산을 오른 끝에 왕발 출몰 지역이라는 반가운 표지판을 만났다. 도됴리는 주변을 뱅뱅 돌며 왕발이 나타나기를 기다렸다. 가까운 곳에서 바스락거리는 소리가 났다.

도툐리는 낭떠러지가 나올 때까지 왕발을 쫓았다. 이러지도 저러지도 못하는 왕발에게 도툐리는 무언가를 꺼내 내밀었다.

"라후드하고 닮았다. 이 사진 봐 봐. 라후드 알아?"

한편 보스는 왕발의 뒷모습만 보고 라후드로 착각했다. 부숭부숭한 갈색 털과 푸짐한 몸집이 라후드와 꼭 닮았기 때문이다. 하지만 왕발이 돌아보자 라후드가 아니라는 것을 깨달았다. 검은 양복도 도툐리를 보고 소스라치게 놀랐다.

"진짜 외계인이다."

가장 놀란 것은 왕발이었다. 왕발은 대대로 이 깊은 숲에서 열매를 따 먹으며 평화롭게 살았다. 가끔 두 발로 걷는 동물들이 찾아왔지만 잘 피해 다녀서 한 번도 마주한 적이 없었다. 그래서 이 동물들이 무엇을 원하는지 몰랐다. 알면 원하는 것을 다 주고 평화를 되찾고 싶었다.

'혹시 딸기가 먹고 싶나?'

왕발은 꽉 쥐고 있던 탓에 반쯤 으깨진 딸기를 냅다 던졌다.

왕발은 검은 양복이 쏜 신호총에 놀라서 달아났고, 검은 양복은 자신이 낸 총소리에 넋이 나갔고, 도됴리는 보스에게 잡혀 버둥거렸다.

"구조 신호를 보고 사람들이 몰려올 거야. 외계인, 지구인 슈트를 입어라. 검은 양복, 여기를 벗어나자."

보스 일행은 보스의 비행기를 타고 황급히 떠났다.

한편 지구에 무사히 도착한 스피는 정체를 들키지 않기 위해 지구인 슈트를 입고 루나에게 통신을 걸었다.

"스피다요!"

루나는 화면에 나타난 얼굴을 보고 경악했다. 하필이면 보스의 외모라니……

보고서 98
이야기를 기억하는 지구인들

작성자: 도됴리

★ 왕발을 찾으러 간 숲에서 너무 많은 지구 생명체를 만났음. 대부분 다른 행성의 외계인들과 닮았지만 성격은 전혀 다름. 숲속에 사는 지구 생명체들은 다 무서움.

★ 오로라는 왕발이 지구인들이 만들어 낸 가짜 이야기라고 했지만 왕발은 진짜로 있었음! 내가 두 눈으로 똑똑히 봄. 왕발은 화면에서나 실제로나 정말로 라후드를 닮았음. 그리고 라후드의 사진을 보여 줬을 때 나에게 딸기를 던진 것으로 보아 진짜 라후드와 친척 관계일지도!

★ 오로라와 라후드가 매일 말하던 보스라는 지구인을 드디어 나도 만남. 갑자기 나타난 보스와 보스의 부하는 왕발과 놀고 있는 나를 보더니 하늘로 폭죽을 쏨. 폭죽 소리가 너무 커서 아쉽게도 왕발은 도망감. 그래도 내가 왕발을 봤다는 사실을 증명할 지구인이 두 명이나 있으니 임시 본부로 돌아가면 오로라에게 자랑해야지.

★ 보스에게는 하늘을 가로지를 수 있는 비행기가 있음. 올 때는 산 넘고 물 건너 힘들게 왔는데 임시 본부로 돌아갈 때는 편하게 갈 수 있음. 비행 내내 보스가 자꾸 나를 쳐다보는데, 내가 너무 귀여워서 그런가?

지구인은 이야기를 사랑한다

- 어린 지구인들은 시도 때도 없이 이야기를 해 달라고 조르곤 함. 수업 시간에 선생님이, 잠자리에 들기 전 부모님, 할머니 할아버지가 해 주는 이야기가 어린이들에겐 너무너무 중요한 모양.

- 지구인은 뇌가 다 자라지 않은 상태로 태어나 시간이 지나면서 점점 발달함. 뇌가 가장 폭발적으로 성장하는 시기는 0세부터 8세까지인데, 이 시기 가장 많은 성장을 이루는 영역이 바로 '전두엽'.

- 전두엽은 언어, 창의력, 도덕성 등 고등 정신 기능을 담당하는 매우 중요한 부위임. 지구인은 전두엽이 거의 발달하지 않은 채로 태어나는데, 갓 태어난 지구인이 말을 할 줄 모르는 것이 바로 이 이유임. 그러다 4세가 되면 지구인은 전두엽의 성장과 함께 폭발적으로 언어 능력과 기억력을 발전시킴. 신기하게도 이 시기는 지구인이 본격적으로 이야기를 요구하기 시작하는 시기와 동일함.

- 전두엽은 떠올린 기억을 조합해서 새로운 생각을 만들어 내는 창의력을 담당하는 부위이기도 함. 이때 창의력의 재료가 될 기억들을 이야기를 통해 얻는 것임. 지구인은 이야기를 사랑할 수밖에 없도록 타고남.

이야기가 더 오래 기억되는 이유

- 지구인들은 대략 생후 12개월부터 기억을 저장하기 시작해 죽을 때까지 엄청난 양의 기억을 뇌에 쌓아 감. 지구인의 기억은 크게 '감각 기억', '단기 기억', '장기 기억'으로 나눌 수 있음. 감각 기억은 스쳐 지나가는 다양한 감각 정보를 아주 짧은 시간 기억하는 것이고, 단기 기억은 그보다 좀 더 오랫동안 머릿속에 남음. 장기 기억은 몇 분에서 몇십 년까지 오랜 시간 기억되는 정보들을 말함. 장기 기억은 의식적으로 떠올릴 수 있는 '명시적 기억'과 무의식적으로 익힌 기술이나 습관 같은 '암묵적 기억'으로 분류됨. (※단기 기억에 관해서는 보고서 7을 참고!)

- 명시적 기억을 저장하는 방식에는 두 가지가 있음. 바로 '의미 기억'과 '일화 기억'임. "서울은 한국의 수도다.", "강아지는 동물이다."처럼 일반적인 사실, 개념, 지식은 의미 기억에 속함. "나는 어제 김치찌개를 먹었다."라는 내가 겪은 경험에 관한 기억은 일화 기억임.
- 일화 기억처럼 이야기의 형태로 저장된 기억은 맥락 없이 저장된 기억에 비해 지속 시간이 길고 떠올리기 쉬움. 지구인의 뇌는 기억을 만들고 사용할 때 '부호화(감각 기관을 통해 들어온 정보가 기억의 재료로 변환됨)'-'저장(부호화된 정보가 뇌에 저장됨)'-'공고화(저장된 기억을 더욱 견고하게 유지함)'-'인출(저장된 기억을 불러옴)'의 4단계를 거침. 일화 기억은 기억이 만들어지던 당시의 시간, 공간, 감정, 감각 등 다양한 정보가 한꺼번에 저장되는데, 그만큼 그 기억을 떠올릴 만한 단서가 많아 쉽게 인출할 수 있는 것.
- 이와 관련한 재미있는 실험이 있음. 실험 참가자들을 둘로 나누어 영화를 보여 주었음. 영화를 보기 전, 연구 팀은 한 그룹에는 영화에 감정 이입을 하지 말라고 이야기했고, 다른 그룹에는 아무런 말도 하지 않음. 영화가 끝난 뒤 두 그룹이 각각 영화 내용을 얼마나 기억하는지 확인해 보았더니, 감정 이입을 한 쪽이 그러지 않은 쪽보다 훨씬 더 자세하게 영화를 기억하고 있었음. 영화 속 감정에 이입하여 신경망이 더 강렬하게 활성화되어 이런 결과가 나온 것.
- 지구인이 이렇게 자기 이야기도 아닌 영화에 몰입하고 감정을 이입할 수 있는 까닭은 '거울 뉴런' 때문임. 다른 이의 행동이나 감정을 모방하고 공감할 수 있게 하는 거울 뉴런이 영화 속 인물의 감정을 마치 자신의 감정처럼 느끼게 만들기 때문. 보스가 루나를 교통사고에서 구했을 때도 그렇고, 지구인의 공감 능력은 참 다양한 곳에 영향을 주는 것 같음.

4

외계인을 찾습니다

지구인은 호기심 덩어리

높은 이성으로 뛰어난 과학 문명을 이룬 아우린들은 지구인들의 낮은 지능과 보잘것없는 문명을 마음껏 무시했다. 그러나 우주국의 정보력은 무시할 수준이 아니었다.

북극에 출동했던 우주국 비밀 요원 37호와 38호에게 작전명 '스노우 물방울'이라는 비밀 임무가 주어졌다. 북극에서 외계 물질로 판명된, 정체를 알 수 없는 물방울 모양의 작은 캡슐이 발견되었다. 비밀 요원들은 스노우 물방울을 떨어트렸다고 의심되는 외계인 추적 명령을 받고 부지런히 움직였다.

그들은 벌써 스피의 뒤를 쫓아 아우린이 머무는 동네로 오고 말았다.

"외계인 흔적이 여기로 이어졌다."

"하필 왜 여기지? 궁금하네."

비밀 요원 38호는 주위를 둘러보았다. 너무나 평범한 동네였다. 지구 점령이 목표인 외계인이라면 절대 고르지 않을 장소였다. 포로로 잡을 영향력 있는 정치인 살지도 않고, 외계인과 교신할 수 있는 천문대도 없고, 외계 방사선이 감지할 수 없게 숨을 수 있는 깊은 지하 공간도 없는, 그저 평범한 사람들이 별나지 않게 사는 동네였다. 별난 외계인이 나타나면 금방 들키기 딱 좋은 곳이었다.

"외계인을 잡으면 왜 이곳을 선택했는지 물어봐야겠어."

외계인 추적 임무는 우주국에서도 중요한 1급 비밀 임무였다. 37호는 1급 임무에만 쓸 수 있는, 우주국에서 세 번째로 비싼 최첨단 정밀 탐지 장비를 신청했다.

눈에 너무도 잘 띄는 탐지 차량을 보기 위해 여기저기서 구경꾼들이 몰려들었다.

그런데 비밀 요원들에게는 동네 구경꾼들보다 더 큰 문제가 있었다. 탐지 차량이 느려도 너무 느렸다. 차량의 속도가 시속 10km 이상이면 탐지 정확도가 50% 이하로 떨어지기 때문에 자전거보다 느린 속도로 달렸다.

결국 뒤차들이 빵빵거렸고, 교통경찰까지 나타났다.

경찰은 의심이 듬뿍 담긴 목소리로 물었다.

"무슨 비밀 임무요? 어디서 나오셨어요?"

비밀 요원 37호는 낮은 목소리로 말했다.

"쉿. 비밀이라니까요. 비밀."

설상가상으로 동네 중학생들까지 와서 탐지 차량에 관심을 보이며 이런저런 질문들을 해 댔다.

"알아서 뭐 하게요? 학생들은 가서 공부나 해요."

비밀 요원 37호는 손을 휘이 내저었다.

"궁금하니까 그렇죠."

"진짜 신기하다. 한 번 만져 보면 안 돼요?"

중학생들은 탐지 차량에서 눈을 떼지 못했다. 순간 37호는 좋은 작전이 떠올랐다. 비밀 요원이 외계인을 직접 찾아다니지 않아도 다른 사람들이 안달 내며 찾아 줄 방법. 바로 사람들의 호기심을 자극하는 것이다.

"삼팔 요원, 호기심 작전을 시작한다. 일, 외계인을 찾는다는 쪽지를 주변에 숨겨 둔다. 눈에 안 띄는 듯 잘 띄게 끝이 살짝 보이게 숨겨야 해. 이, 쪽지를 본 사람들은 궁금해서 외계인을 찾아다닐 것이다. 삼, 연락이 오면 우리가 가서 잡는다."

"오! 좋은 작전이……!"

비밀 요원 38호는 고개를 끄덕이다 말고 갸웃거렸다.

"근데 쪽지를 벽에 크게 붙여야 더 빨리 찾을 것 같은데?"

"공개 수사는 최후의 방법이야. 우린 비밀 요원이고, 이건 비밀 임무니까 최대한 비밀로. 쉿!"

비밀 요원들은 한밤중에 은밀히 쪽지를 숨기러 다녔다.

한편 비밀 요원의 등장을 눈치채지 못한 오로라는 지구에서도 신체 단련을 계속했다. 매일 밤 위장복을 입고 바람을 가르며 달리다 가끔 지구인들을 놀라게 했다.

오로라는 착지 자세 그대로, 지구인들이 사라질 때까지 고개를 들지 않았다. 그러다가 땅바닥의 틈새에 일부러 쑤셔 넣은 듯한 쪽지를 보았다. '외계인'이라고 쓰인 듯한…….

오로라는 다급하게 쪽지를 꺼내 보았다.

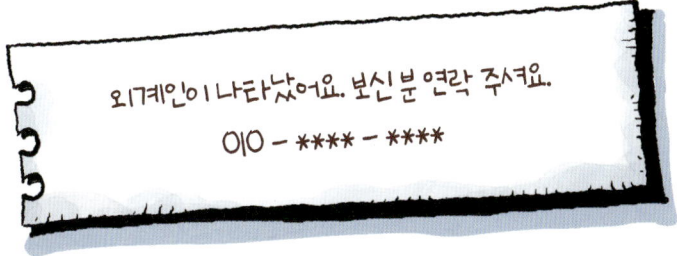

"뭐냐? 누구 짓이냐?"

오로라는 주변을 샅샅이 뒤지기 시작했다. 담벼락 틈에서 외계인 쪽지가 또 나왔다. 땅바닥, 벽, 벤치, 가로수 등을 꼼꼼하게 살피자 반경 10km 이내에 무려 19장의 쪽지가 숨어 있었다.

오로라는 19라는 숫자가 마음에 걸렸다. 지구인들은 10, 20, 30처럼 딱 떨어지는 숫자를 좋아하는데, 19장을 발견했다면 한 장을 놓쳤을 가능성이 크다. 다시 한번 빛의 속도로 주변을 뒤졌지만 쪽지를 찾지 못했다.

오로라는 쪽지 19장을 꽉 쥐고 임시 본부로 달려갔다.

라후드는 자신이 지구 문명 전문가니까 지구인보다 더 지구인같이 정체를 잘 숨기고 있다고 생각했다. 하지만 착각이었을까? 라후드는 불안해졌다.

"오로라, 우주국 비밀 요원들이 나타난 게 틀림없다. 당장 다른 임시 본부로 이동하자. 최대한 멀리 떠나자."

"좋다. 이동을 결정한다. 라후드 대원, 5분 뒤 출발한다."

오로라의 결정이 떨어졌다.

보스의 황금 열쇠는 라후드가 보스에게 귀환 우주선 자리를 양보한 보답으로 받은 것이다. 전 세계에 있는 보스의 부동산 18,787개를 언제든지 이용할 수 있는 열쇠다. 날마다 임시 본부를 옮겨도 지구에서 50년 넘게 버틸 수 있다.

"아차, 탕탕면 챙기느라 깜빡했다. 금방 가져올게."

라후드는 옷장 맨 위 칸에 고이 모셔 둔 황금 열쇠를 가지러 갔다.

황금처럼 반짝이는 것을 좋아한 도됴리, 멀리 떠나 버린 도됴리, 연락처도 없는 도됴리, 언제 올지 모르는 도됴리 때문에 아우레 탐사대의 이동은 불가능했다. 임시 본부도 없이 떠돌다간 정체를 들킬 가능성이 더 컸다.

"망했다."

라후드는 털썩 주저앉았다.

라후드보다 냉철한 이성의 오로라는 불가능해진 선택지를 얼른 버리고, 다음으로 가능한 선택을 하였다.

"외계인 관련 쪽지를 지구인보다 먼저 찾는다. 지구인이 발견하기 전에 모조리 찾아 없애면 아우린의 안전을 지킬…… 수는 없지만 시간을 벌 수는 있다. 출동."

한편, 호기심 넘치는 지구인들의 제보로 불이 나야 할 비밀 요원들의 전화기는 조용했다. 단 한 통의 연락도 없었다.

쪽지를 너무 깊숙이 숨겨서 아무도 못 찾았을까? 비밀 요원 37호는 쪽지를 숨긴 곳을 찾아다니며 확인해 보았다. 그런데 쪽지는 모두 사라지고 없었다.

"누군가 쪽지를 가져갔어."

"그런데 연락을 하지 않는다. 그 이유는?"

비밀 요원 37호와 38호는 눈을 깜빡이고는 동시에 외쳤다.

"외계인?!"

비밀 요원들은 부리나케 작전을 변경했다.

동네 곳곳에 외계인을 찾는 공개 수배 포스터가 나붙었다.

새벽같이 발견한 오로라가 바쁘게 전단지를 제거했지만 결국 지구인에게 들키고 말았다. 공개 수배 전단지가 학교 담벼락, 시장, 공원 입구 등 지구인들이 많이 모이는 곳에 붙어 있었기 때문이다. 보는 눈이 많아서 감쪽같이 제거하기가 불가능했다. 손을 댔다가 괜히 의심받을 가능성만 커졌다.

"작전상 후퇴다. 상황을 파악할 때까지 임시 본부에서 대기한다."

아우레 탐사대는 당분간 임시 본부에서 꼼짝 못 하게 되었다.

공개 수배 전단지 작전에 성공한 비밀 요원들도 옴짝달싹 못 하기는 마찬가지였다. 전단지를 붙인 뒤로 제보 전화가 끊임없이 울렸기 때문이다.

호기심은 참지 못하는 지구인들

작성자: 라후드

★ 귀환 우주선은 도대체 언제 오는 걸까? 바바와 아싸가 우리를 잊은 건 아니겠지? 요즘 임시 본부가 있는 동네가 너무 흉흉함.

★ 누군가가 외계인이 나타났다는 쪽지를 동네 이곳저곳에 숨기고 다님. 우리 정체가 들켰을까 봐 조마조마함.

외계인이 나타났어요. 보신 분 연락 주세요.
010-****-****

★ 쪽지에 이어 이제는 동네에 전단지가 붙기 시작했음. '외계인이 나타났어요.'라고 써 있는 전단지를 볼 때마다 온몸이 으슬으슬 떨림. 오로라가 보이는 족족 떼어 내고 있다고 하는데, 오로라가 전단지를 찾는 속도보다 붙여지는 속도가 더 빠른 것 같음. 어떡하지? 임시 본부를 떠나야 하나? 모험을 떠난 도됴리는 어떡하고?

★ 오로라는 도됴리를 버려도 아우린을 지키기 위해 임시 본부 이동을 결정함. 그런데 도됴리가 왕발을 만나러 간다면서 보스의 황금 열쇠를 들고 감. 도됴리는 반짝이는 것을 너무 좋아함. 결국 나와 오로라는 이 동네에서 한 발짝도 이동할 수 없게 됨. 오로라는 화가 잔뜩 남. 도됴리는 언제쯤 돌아올까? 화가 난 오로라는 조금 무서움.

지구인의 호기심은 특별하다

- 지구인은 호기심이 참 많음. 조금이라도 새롭거나 신기한 일이 생기면 이리저리 기웃거리며 들쑤시고 다니기 일쑤. 최근에는 지구인들의 호기심을 지나치게 자극하는 외계인 전단지를 찾아 없애느라 진땀을 빼야 했음.

- 움직이는 물체를 보거나 새로운 냄새를 맡았을 때 그것이 무엇인지 궁금해하는 것처럼, 불확실한 시각적, 청각적 자극을 감지했을 때 나타나는 호기심을 '지각적 호기심'이라고 부름. 지각적 호기심을 느끼면 눈앞에 나타난 새로운 자극의 정체를 알기 위해 탐색 활동에 나서고, "저게 '뭐'지?"라는 질문을 하게 됨. 지구인 어린이가 낯선 골목을 탐험하거나 강아지가 처음 본 사람의 냄새를 맡는 것은 지각적 호기심 때문.

- 그런데 지구인은 오랜 시간 진화를 거치면서 새로운 종류의 호기심을 갖게 됨. 바로 지식과 추상적인 개념을 궁금해하는 '지적 호기심'. 지적 호기심을 느끼는 지구인은 "이건 '왜' 이럴까?", "이건 '어떻게' 작동하는 걸까?" 같은 질문을 던짐.

- 그중에서도 유독 호기심이 강한 지구인들을 살펴보니, 'DRD4'라 불리는 도파민 수용체의 특정 유전자 부분이 남들보다 더 많았음. 이런 지구인들은 충동적으로 새로운 일에 빠졌다가 금세 흥미가 식고, 지루한 것을 참지 못하는 단점이 있음.

호기심을 자극하는 매력적인 이야기를 만드는 방법

경제학자이자 심리학자인 조지 로웬스타인은 지구인의 호기심을 자극하는 네 가지 방법을 소개했다. 이 네 가지 방법을 적절히 활용하면 지구인들의 호기심을 자극하는 매력적인 이야기를 쓸 수 있다.

1. 질문이나 수수께끼를 던지기
2. 해결책을 예상할 수 있지만 알려지지는 않은 사건에 노출시키기
3. 예상을 깨뜨려 스스로 상황을 설명할 수 있도록 유도하기
4. 다른 누군가가 중요한 단서를 가지고 있다고 알려 주기

- 하지만 지구인들은 '너무 많이' 새로운 것에는 호기심이 들지는 않음. 지나치게 새롭거나 신기한 자극은 오히려 지구인에게 불쾌감을 주기도 함.

끝까지 긴장의 끈을 놓지 않는 지구인

- "끝날 때까지 끝난 게 아니다."라는 말처럼, 이야기에서 끝까지 결말을 예측할 수 없게 만드는 기법을 '클리프행어'라고 부름. 충격적인 비밀이 밝혀지기 직전에 '다음 화에 계속' 하며 이야기를 끝맺어 마치 절벽(cliff, 클리프)에 매달린 듯한 긴장감을 줘서, 다음 이야기를 궁금해하게 만드는 것. 예전에 줍줍 여사와 써니가 즐겨 보던 드라마에도 비슷한 장면이 자주 쓰임.
- 클리프행어의 효과는 '미완성 효과(자이가르닉 효과)'와 연관이 있음. 심리학자 쿠르트 레빈 박사는 카페에서 웨이터들을 관찰하다 흥미로운 사실을 알아냄. 웨이터들이 하나같이 아직 결제가 되지 않은 주문은 똑똑히 기억하는 반면, 결제가 끝난 주문에 대해서는 아무것도 기억하지 못한다는 사실임. 레빈 박사의 제자였던 블루마 자이가르닉 박사가 이 현상을 흥미롭게 보고 실험을 계획함.
- 자이가르닉 박사는 실험 참가자들을 둘로 나누어 여러 가지 과제를 하게 했음. 이때 한 그룹은 과제를 끝까지 수행하고, 다른 그룹은 중간에 멈추도록 함. 그 후 참가자들에게 과제에 대해 상세히 기억해 보라고 했는데, 과제를 끝까지 마친 그룹보다 중간에 멈춘 그룹이 과제에 관해 1.9배나 자세히 기억하고 있었음.
- 또 다른 어느 실험에 따르면, 지구인들은 보상을 언제, 어떻게 받을지 미리 알 때보다 모를 때 더 강한 쾌락을 느낌. 보상에 관한 정보를 모르는 실험 참가자들은 보상을 새로 받을 때마다 클리프행어 상황에 놓여, 기대감 때문에 쾌락이 계속해서 이어짐.
- 한 OTT 서비스는 지구인들의 이러한 심리를 이용해 시청자들이 계속해서 드라마를 보게 만듦. 매 회차를 아슬아슬한 장면으로 끝내서 앉은자리에서 드라마를 끝까지 몰아 보게 함. 어쩌면 우리가 귀환 우주선을 손꼽아 기다리는 마음도 지구인 심리와 비슷할까?

5

지구인은
이야기 속에 산다

상상은 즐거워

하나는 체육 중에서도 특히 구기 종목에 약하다. 피구를 하면 맨 먼저 공에 맞고, 축구를 하면 헛발질하다가 넘어지고, 티볼을 칠 때는 파리채 휘두르냐는 소리를 들었다. 그런데 오늘 체육 수행 평가를 본다. 하필 구기 종목인 배구였다. 하나는 연습하다가 멍든 팔목을 문지르며 터덜터덜 학교로 걸어갔다.

하나는 매우 현실적이라 외계인을 믿지 않았다. 다섯 살 때 이미 산타 할아버지는 없다고 생각했다. 중학생이 된 지금은 사후 세계는 존재하지 않고, 마음과 영혼은 뇌의 작용이라고 여긴다. 쓸데없는 상상은 잡념이기 때문에, 멍하니 있을 때 뭉게뭉게 피어오르는 이야기들을 내쫓는 데 익숙했다. 하지만 학교 가기 싫은 오늘은, 존재하지 않는다고 생각하는 외계인이 지구를 쳐들어왔으면 좋겠다.

"헤헤, 이렇게 돼서 수행 평가 안 보면 얼마나 좋을까?"

이루어질 리 없는 쓸데없는 상상이지만 하나의 기분이 맑아졌다.

잠깐의 맑음이었다. 결국 수행 평가 시간은 다가왔고, 하나는 딱 제 실력에 맞는 결과를 받았다.

수행 평가는 엉망이었지만 체육시간 덕분에 급식은 꿀맛이었다. 하나와 친구들은 누가 수행 평가를 가장 망쳤는지 토론하면서 밥맛을 더 끌어올렸다.

하나는 제일 망한 사람은 자신이라고 떠벌리며 아침에 상상한, 수행 평가를 못 하게 공을 다 가져가 버리는 외계인 이야기를 들려주었다.

하나의 상상에 친구들은 약속이나 한 듯 조금씩 살을 붙였다. 밥을 다 먹을 때쯤이 되자 이야기는 처음과 완전히 달라졌지만 하나는 즐겁기만 했다.

하나는 다 비운 급식 판을 들고 일어서며 말했다.

"오늘은 장미 쉼터 갈까?"

"우후후, 축구하는 전 남친 보러?"

시연이 장난스러운 미소를 지으며 놀렸다. 방금 운동장으로 뛰어나가는 대호를 본 것이다.

"아니거든!"

하나는 딱 잘라 말했지만, 순간 마음이 살랑거리긴 했다.

"그런데 왜 운동장 잘 보이는 장미 쉼터에 가려고?"

"대호는 아직 너 좋아하는 것 같던데~"

친구들의 설레발에 하나는 손사래를 쳤지만 마음은 설레었다. 다음 세계사 수업 시간에 자꾸 대호의 뒷모습을 힐끔힐끔 쳐다보았다.

'대호랑 다시 만나면 어떨까?'

세계사 선생님은 흥미진진한 수업 자료를 풀어놓으며 학생들이 유럽 역사 속으로 떠나길 바랐다. 하지만 하나는 로맨스 나라로 떠났다.

'역시 다시 만나는 건 아니야. 절대 먼저 고백 안 할 거야. 네가 고백해도 받아 주나 봐라. 거절이야, 거절.'

하나는 대호의 뒤통수를 매섭게 노려보았다. 혼자 상상해 놓고 혼자 열받아 부르르 떨었다.

대호는 벌건 얼굴로 앞을 보고 앉아 있었다. 시선은 칠판에 있었지만 생각은 점심시간에 했던 축구 경기로 날아갔다.

"걔가 반칙만 안 했어도……."

대호는 어깨를 떨었다. 학교에서 덩치가 제일 큰 애가 반칙해서 찍소리도 못 한 것이 억울해 죽겠다. 한번 따져나 볼걸!

상상 속에서도 대호는 덩치에게 당하고 말았다.

'역시 안 건드리길 잘했나? 정당하게 따져도 결국 나만 손해인가? 어휴, 초능력 있는 히어로는 얼마나 좋을까?'

현실에서는 덩치에게 이길 방법이 없는 대호는 상상 속에서 초능력자가 되었다.

띠리리리~. 수업 끝 종이 울렸다. 선생님은 학생들보다 더 부리나케 책을 챙겨 나왔다. 장난치는 아이들과 인사하는 아이들을 뚫고 교무실로 돌진했다.

"어휴."

 선생님은 교무실에 들어오자마자 한숨을 푹 쉬었다. 중학생들은 멀리서 보면 귀엽지만 가까이에서 수업하기는 쉽지 않다.

 '학교 때려치우고 병아리나 키울까? 물과 모이만 주면 나를 엄청 따를 텐데……'

 선생님은 작고 귀여운 동물을 좋아한다. 지금도 유기되었던 햄스터 두 마리와 고슴도치 한 마리를 키우고 있다. 병아리도 키우고 싶지만 식구들이 반대하는 바람에 못 키우고 있다.

"그래, 닭보다 중학생들이지."

상상 속에서 병아리를 닭으로 키워 본 선생님은 병아리 농장주를 포기하고 그냥 세계사 선생님으로 남기로 했다.

"어휴, 섣불리 학교를 그만두면 어쩔 뻔했어?"

가슴을 쓸어내리는 선생님은 알고 있었다. 내일도 상상 속에서 학교를 때려치우고 강아지 미용사가 될지도 모른다는걸.

보고서 100
지구인들의 헷갈리는 상상

작성자: 오로라

★ 지구인들은 정말 시간 개념이 없음. 오늘도 하나가 학교에 늦었다며 땀을 삐질삐질 흘리며 뛰어가는 모습을 봄. 몇 분만 일찍 일어나는 게 그렇게도 힘들까? 그리고 얼마 뛰지 않았는데 땀이 나는 하나의 모습을 보니까 지구인의 체력이 얼마나 약한지 다시 한번 깨달음. 특히 하나는 조금만 뛰어도 힘들어함. 하나가 일찍 일어나야 하는 또 하나의 이유임.

★ 아침에 뛰어가던 모습과 달리 하굣길의 하나는 멍한 상태로 비실비실 웃으면서 집에 옴. 지구인들은 자주 멍해지는데, 이는 지구인들이 일어나지도 않은 일을 '상상'해서 그렇다고 함. 지구인들의 낮은 이성을 증명해 주는 또 다른 행동임.

★ 하나에 이어 대호도 혼자 발을 구르며 집으로 돌아옴. 맨날 같이 다니던 하나와 대호인데 요즘 들어 함께 있는 모습을 단 한 번도 보지 못함. 등교도 하교도 매일 따로 하고, 심지어 대호는 하나가 일등학원 건물에서 나가는 것을 지켜보다가 하나가 보이지 않으면 집에서 나오기도 함.

상상할 때도 지구인의 뇌는 일하는 중

- 지구인은 아이 어른 할 것 없이 상상을 정말 많이 함. 현실에서 벗어나고 싶을 때, 후회할 때, 궁금증이 들 때, 그냥 심심할 때 등 시도 때도 없이 상상에 빠짐.

- 지구인 과학자들이 상상에 관여하는 뇌 부위가 어디인지 알아내기 위해 실험을 진행함. 지구인에게 특정 풍경을 상상해 보라고 한 뒤 그들의 뇌를 스캔해 보았더니, '내후각 피질'에 위치한 '격자 세포'가 활성화되어 있었음. 이 부위는 뇌에서 잠재 의식과 의식을 연결하고, 기억과 탐색을 담당하는 부위임.

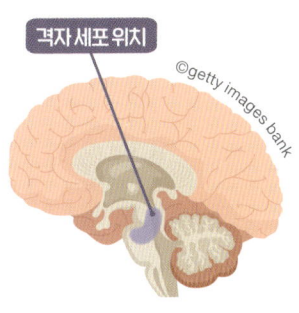
격자 세포 위치
©getty images bank

- '기본 모드 네트워크' 역시 상상에 관여함. 기본 모드 네트워크는 '멍 때리기' 같은 휴식을 취하거나 미래를 상상하고 계획을 세울 때 활성화되는 부위로, 전두엽 앞쪽, 대상 피질 뒤쪽, 측두엽, 두정엽에 걸쳐 위치해 크게 앞쪽과 뒤쪽으로 나눌 수 있음.

- 한 연구 팀이 기본 모드 네트워크 각 부분의 역할을 알아보기 위해 흥미로운 실험을 진행함. 실험 참가자들에게 복권에 당첨된 상상, 근사한 휴양지에 있는 상상 등을 시킨 뒤 그 상상이 얼마나 생생한지, 또 그걸 상상하는 마음이 어떤지 평가해 보라고 함. 동시에 참가자들의 뇌를 MRI로 촬영해 보았음.

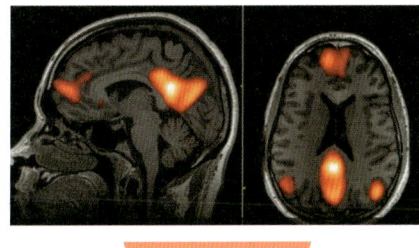
기본 모드 네트워크

- 실험 결과, 앞쪽 네트워크는 상상이 더 생생할수록, 뒤쪽 네트워크는 상상으로 느껴지는 감정이 긍정적일수록 활성화됨. 앞쪽 네트워크가 상상의 시나리오를 만들고, 뒤쪽 네트워크가 상상에 대한 느낌을 담당하는 것. 지구인의 상상은 예상보다 훨씬 더 복잡하고 체계적인 방식으로 만들어지는 듯.

지구인은 사실과 허구를 구분하지 못한다

- 지구인들은 상상을 너무 좋아해서 상상과 현실을 구분하지 못할 때도 있음. 예를 들어, 지구인은 신맛이 나는 레몬을 상상하는 것만으로도 침이 나온다고 함. 지구인이 나무 그림을 볼 때와 나무를 상상할 때 뇌를 MRI로 촬영해 보았더니, 시각 정보를 처리하는 후두엽에서만 작은 차이가 나타날 뿐, 나머지 뇌 부위는 비슷하게 활성화되었음.

- 심지어 지구인들은 상상 때문에 현실을 믿지 못하기도 함. 미국 듀크 대학교와 워싱턴 대학교의 실험이 그 증거임. 각 대학의 연구 팀은 먼저 학생들에게 역사적 사건을 가르친 뒤, 사건을 소재로 한 영화를 보여 줌. 영화는 학생들이 배운 역사적 사실을 크게 왜곡한 내용이었음. 그런데 두 연구 모두에서 영화를 본 학생 중 3분의 2는 영화 내용의 오류를 잡아내지 못했음. 오히려 영화를 사실로 믿고 자신이 알고 있던 지식을 의심하기도 함.

- 지구인의 뇌에서 정보 출처를 기억하는 부위는 '전전두엽'. 전문가들은 전전두엽이 뇌의 다른 부위보다 늦게 발달하기 때문에 잘못된 정보를 받아들이기 쉽다고 설명함. 지구인은 자신의 기억도 끊임없이 의심해야 하는 존재인 것.

지구인은 상상으로 훈련한다

지구의 운동선수들은 '이미지 트레이닝'이라는 상상 훈련을 많이 한다. 이미지 트레이닝은 실제로 운동을 하는 대신, 운동하는 상상만 하는 훈련이다. 미국 하버드 대학교의 파스쿠알레오네 교수는 학생들을 두 그룹으로 나누어 한 그룹은 5일 동안 매일 두 시간씩 피아노를 직접 연주하게 하고, 그동안 다른 그룹은 연주 소리를 들으며 자신이 직접 피아노를 치는 상상을 하도록 했다. 실험이 끝난 뒤 참가자들의 뇌를 살펴보니, 연주를 듣기만 한 그룹의 뇌는 피아노를 직접 연주한 그룹과 비슷한 수준으로 변해 있었다(※뇌가 변화한 이유에 대해서는 보고서 97 참고!).

6

루이의 영상 중독 탈출기

뇌도 휴식이 필요해

루이는 좌절했다. 루이가 상상한 외계인 이야기들은 벌써 영화, 드라마, 웹툰, 게임으로 다 나왔다. 더 이상 새로운 외계인 이야기는 없다. 아니, 루이의 머릿속에만 없나?

"내 상상력은 바닥났어. 뇌가 너무 지친 것 같아. 좀 쉬어야겠어."

루이는 한숨을 푹푹 쉬면서 책장을 정리했다. 웹툰을 시작하며 읽었던 책들을 죄다 꺼냈다. 외계인 만화, 유에프오의 미스터리, 외계인 엑스파일과 같은 책들을 싹 다 모아 묶었다. 그리고 버릴까 팔까 고민하며 밖으로 가지고 나갔다.

마침 3층 계단참에서 최고를 만났다.

"최고야, 너 외계인 좋아하지? 이 만화 볼래?"

"네? 네."

최고는 반가운 기색 하나 없이 고개를 끄덕였다.

"안 좋아하면 안 봐도 돼."

"좋아해요."

시무룩하게 대답하는 최고의 손에 고양이 간식과 직접 만든 전단지가 들려 있었다.

루이는 만화책을 안겨 주며 최고를 위로했다.

"아직 라이언 못 찾았구나. 형도 틈나는 대로 찾아볼게."

"네. 근데 형은 이 책들 왜 버려요?"

"나, 아무래도 외계인 웹툰 그만둬야 할 것 같아."

"다음 웹툰은 뭔데요?"

"나도 몰라."

"요즘 사람들은 뭘 좋아하나?"

루이는 아이디어를 조사하기 위해 짧은 영상을 주로 보았다. 인기몰이 중인 드라마, 음원 차트 순위권의 노래, 유행하는 디저트, 뜨는 여행지……. 루이는 침대에 누워, 조금도 힘들이지 않고 알고리즘이 인도하는 최신 유행 속으로 쏙 빨려 들어갔다.

갑자기 현관문이 벌컥 열렸다. 깜짝 놀란 루이는 침대 옆에 놓은 야구방망이를 들고 뛰어나갔다. 대낮에 현관문을 따고 들어올 사람은 도둑뿐이다!

"누구냐아아아!"

"형, 왜? 뭐야?"

대호가 눈을 동그랗게 뜨고 물었다.

"너 조퇴했어?"

"조퇴 아니거든. 학교 끝나고 학원까지 갔다 왔어. 배고파. 밥 줘."

"시간이 언제 이렇게 흘렀지?"

루이는 아이디어에 꼭 필요한 영상만 보겠다고 결심했다. 하지만 스마트폰을 켜는 순간, 루이의 결심은 흩어져 버렸다. 루이는 하루 종일, 일주일 내내 집 안에 틀어박혀서 영상을 보며 시간을 보냈다. 잠깐 정신을 차리고 방금 전에 뭘 봤는지, 괜찮은 아이디어는 있었는지 생각해 보아도 아무 생각이 안 났다.

"나, 진짜 영상 중독인가?"

루이는 덜컥 겁이 나서 책을 펼쳤다. 그런데 어느새 루이는 또 스마트폰을 보고 있었다.

"더는 안 돼!"

루이는 노트북과 스마트폰을 책상 서랍에 넣고 열쇠로 잠갔다. 하지만 루이의 결심은 오래가지 않았다.

루이는 갑자기 택배 일을 시작했다. 스스로의 의지만으로 영상을 끊고 웹툰에 집중할 수 없어서, 아예 스마트폰을 볼 수 없는 환경을 만든 것이다.

루이는 눈코 뜰 새 없이 바빠서 영상을 볼 시간은커녕 밥 먹을 시간도 없었다. 영상 중독에서 벗어난 것은 다행이었지만 너무 힘들어서 웹툰 아이디어를 생각할 겨를은 없었다.

한편 외계인 공개 수배 전단지 이후 임시 본부에만 숨어 있던 라후드는 오랜만에 밖으로 나왔다. 집에서 에너지 캡슐만 먹고 버틸 수 없었다. 라후드는 가장 가까운 편의점에 갔다.

하필 탕탕면이 떨어지고 없었다. 그냥 오개장면을 먹을까, 다른 편의점에 갈까? 라후드는 고민했다.

'만약 오늘 밤에 귀환 우주선이 온다면 탕탕면을 못 먹고 지구를 떠나는 게 얼마나 슬프겠어!'

라후드는 두 번째로 가까운 편의점으로 내달렸다. 그러다 길가에서 루이를 발견했다.

"엇, 루이 씨, 택배 일 시작했어요?"

루이는 한 건물 앞에 생수 묶음을 쌓고 있었다.

"네, 라후드 씨는 운동 나오셨어요? 저는 이게 운동이에요. 엘리베이터가 없는 건물 5층 배달이거든요. 하하."

루이는 생수 한 묶음을 영차 들어 올렸다. 다리가 휘청거렸다. 힘이라면 지구인보다 몇 배나 센 아우린이 바로 라후드 아닌가! 라후드는 남은 생수 묶음을 양손에 하나씩 번쩍 들었다.

루이는 라후드를 태우고 다음 배송지로 트럭을 몰았다. 트럭이 횡단보도 앞에 멈추었을 때 루이는 낯익은 뒷모습을 발견했다.

"어? 저 사람 보스 아니에요?"

"아니요. 보스는 여기 없어요."

보스는 지구에 없다. 라후드 대신 아우레 귀환 우주선을 타고 웜홀 너머 먼 우주로 떠났다. 지금쯤 샤포이 행성에서 프샤샤프에게 매섭게 항의하고 있거나 주름 피부를 반납하고 원래 자신의 모습으로 돌아가 은하 여행을 다니고 있을 것이다.

"아닌데, 보스 맞아요. 내 눈썰미가 얼마나 좋다고요."

"설마. 정말요?"

라후드는 루이가 가리킨 쪽을 쳐다보았다. 뒷모습이 보스와 비슷해 보이기도 했다. 정말 보스라면 라후드를 찾아왔을까?

라후드는 벌컥 문을 열고 트럭에서 뛰쳐나갔다. 신호가 깜빡이는 횡단보도를 빠르게 건넜다.

"보스, 진짜 보스면 거기 서요!"

라후드는 우렁찬 목소리로 보스를 불렀다.

하지만 라후드가 쫓아간 지구인은 보스와 매우 닮았지만 어딘가 모르게 달랐다.

"미안합니다. 사람을 잘못 봤나 봐요."

지구인식으로 말하자면 분위기가 다르다고나 할까?

"역시 난 지구 문명 전문가야. 지구인 외모에서 풍기는 분위기까지 파악한다니까!"

한편 루이는 갑작스럽게 뛰쳐나간 라후드를 기다리지 않고 출발했다. 아니, 기다리지 못했다. 택배는 그렇게 여유 있는 일이 아니었다.

"라후드 씨, 저 먼저 갑니다."

루이는 다음 배송지로 빠르게 이동했다.

땀을 뻘뻘 흘리며 일을 한 덕분에 산더미 같은 택배 물건들이 쑥쑥 줄었다. 이제 몇 집만 더 배달하면 끝이다. 루이는 트럭의 창문을 활짝 열었다. 팔을 슬쩍 내밀어 시원한 바람을 느끼다가 끼익, 갑자기 브레이크를 밟았다.

　루이는 보스와 똑 닮은 할머니를 호수 공원 앞까지 데려다 주었다. 그런데 할머니는 공원 입구에서 또 우왕좌왕 갈 길을 못 찾았다. 루이는 길 잃은 할머니를 두고 갈 수 없었다.

　"할머니, 누구 만나기로 하셨어요?"

　"스피는…… 회장님…… 스피가……."

　할머니는 두리번거리며 알아들을 수 없는 말만 했다.

"할머니, 너무 걱정 마세요."

루이는 112에 신고를 하고, 지쳐 보이는 할머니에게 사탕 하나를 드렸다.

루이가 할머니 쪽으로 돌아섰을 때 아무도 없었다.

"할머니? 할머니, 어디 가셨어요?"

할머니는 감쪽같이 사라졌다. 할머니의 그림자도 보지 못한 경찰은 루이를 믿지 않았다.

"정말 길 잃은 할머니가 있습니까? 허위 신고하면 안 돼요."

주변을 살피던 경찰은 결국 철수해 버렸다.

루이는 혼자서 공원 주위를 몇 바퀴나 돌며 할머니를 찾다가 찜찜한 마음으로 공원을 떠나 배송을 마쳤다.

"오늘 정말 이상한 날이야. 꼭 외계인에게 홀린 것 같아."

외계인은 잊으려고 했는데 루이는 저도 모르게 외계인을 상상했다. 역시 외계인 웹툰을 계속 그릴까? 루이는 차가운 음료수를 사서 편의점 앞에 앉았다.

편의점에만 가면 만나는 정 박사를 또 만났다.

루이는 한때 정 박사를 외계인으로 의심했다. 지금 또 그런 의심이 들었다.

"뇌는 연구한다고 피곤해지지 않아요. 책을 많이 읽고 연구나 창작에 열중해도 뇌는 지치지 않거든요. 오히려 두뇌 작용이 활발해져서 뇌에 쌓인 피로가 덜어지지요. 그러니까 웹툰 작업으로 피곤한 것은 루이 씨의 뇌가 아니라 눈이나 목이나 손가락이었을 거예요."

정 박사는 단호하게 말했다. 루이는 제 손가락을 들여다보았다.

"뇌가 아니라 눈이나 손가락이요?"

루이는 웃음이 나왔다. 다시 웹툰을 그리기로 결심했다.

보고서 101
지구인의 뇌는 피곤하다?

작성자: 라후드

★ 동네를 다니다 보면 종종 루이 씨를 마주치곤 했는데 이번 주 내내 루이 씨를 못 봄. 외계인을 찾는다는 전단지 때문에 내가 임시 본부 밖으로 잘 안 나간 탓도 있지만, 임시 본부 건물 내에서도 루이 씨의 목소리를 들은 지가 오래되었음.

★ 한동안 안 보이던 루이 씨를 만났을 때 루이 씨는 트럭을 몰며 택배 배송을 하고 있었음. 지구인들은 힘도 없는데 매일 물건을 나르느라 고생함. 하루에도 여러 번 물건을 주문하는 지구인들이 많아 택배는 지구인들에게 아주 중요함.

★ 무거운 택배 상자를 들고 계단을 오르내리는 루이 씨의 모습을 보니 힘 센 아우린인 내가 도와주고 싶었음. 아우레에서도 힘이 센 편인 내가 연약한 지구인들을 도와주는 것은 당연함.

★ 루이 씨와 택배 배송을 하는 도중에 보스와 똑 닮은 지구인 할머니를 만남(참, 보스는 할머니가 아니지만). 뒷모습은 분명 보스와 똑같았는데 앞모습은 보스와 닮았지만 다른 지구인이었음. 이 지구인은 진짜 노인인 것 같았음. 보스는 프샤샤프를 잘 만나서 피부를 되돌려받는 데 성공했을까?

영상은 뇌를 늙게 만든다

- 요즘 지구인들은 영상을 정말 많이 봄. 영화, 드라마, 예능 프로그램을 보고, 그 영상을 요약한 영상도 봄. 심지어는 책도 영상으로 만들어서 봄. 영상은 생생한 장면과 소리로 지구인들의 눈길을 사로잡는 지구 최고의 콘텐츠가 되었음.

- 그러나 영상에는 치명적인 단점도 있음. 지구인들이 똑같은 내용을 각각 영상, 소리, 줄글로 접했을 때 뇌의 활성화 정도를 관찰해 보면, 정보를 처리하고 고차원적인 사고를 담당하는 전전두엽에서 분명한 차이가 드러남. 줄글을 읽을 때는 전전두엽이 매우 활발히 움직이는 반면, 영상을 볼 때는 거의 활성화되지 않는 것.

- 대신 영상은 시각 정보를 처리하는 '후두엽'을 강하게 자극함. 어릴 때부터 계속 영상에 노출된 지구인은 전두엽을 거치지 않고 후두엽만으로 정보를 받아들이는 데 익숙해짐. 이런 지구인은 결국 집중하거나 곰곰이 생각하는 능력은 떨어지고 즉각적인 만족감을 주는 자극만 추구하는 어른이 됨.

- 게다가 수십 초 정도의 짧은 영상인 '숏폼' 콘텐츠를 통해 지구인들은 더 빠르게 새로운 자극을 접하게 되었음. 그러다 보면 쾌락, 보상 중추가 계속 자극되어 '도파민'이 과도하게 분비되고, 점점 더 큰 자극을 추구하게 됨. 결국 지구인들은 디지털 기기의 빠르고 강렬한 자극에 익숙해져 현실에 무감각해지는 '팝콘 브레인' 현상에 빠지는 것은 물론, 심하게는 뇌 기능 저하까지 겪을 수 있음. 참고로 숏폼 콘텐츠의 중독성은 마약이나 알코올과 비슷하다고 함.

- 전문가들은 영상 중독으로 고민하는 지구인들에게 뇌 훈련의 방법으로 책 읽기를 추천함. 책 읽기는 단순히 읽기만으로 끝나는 것이 아니라 머릿속에서 상황을 상상하고, 공감하고, 판단하고, 앞일을 예상하는 등 복잡한 사고가 필요함. 즉 뇌의 다양한 부위를 계속 자극해서 훈련시킬 수 있는 가장 쉬운 방법임.

- 또한 만성 스트레스에 시달리는 지구인에게 책을 읽게 하고 배경 뇌파를 검사해 보았더니, 책을 읽기 전보다 읽은 후에 집중력이 약 10% 상승했고, 스트레스는 오히려 줄어들었음.

지구에서 가장 이야기를 좋아하는 지구인은?

- 지구에는 루이처럼 이야기를 너무너무 좋아해서 이야기 짓는 걸 직업으로 삼은 별난 이들이 있음. 바로 '작가'라는 지구인임. 작가들은 이야기를 만들어 책뿐만 아니라 영화, 드라마, 게임, 만화 등 다양한 형식으로 세상에 선보여 독자와 시청자에게 즐거움을 주는 존재임.

- 독일의 마틴 로츠 박사는 작가 지구인이 글을 쓰는 동안의 뇌를 fMRI로 관찰해 보았음. 작가 지구인은 글을 쓰면서 연습을 통해 몸에 익힌 기술을 사용할 때 활성화되는 뇌 부위를 사용하고 있었음. 마치 운동선수가 고된 훈련으로 운동 기술을 익히는 것처럼, 작가 지구인에겐 글쓰기도 훈련을 통해 얻은 기술인 것.

- 다음으로 로츠 박사는 작가 지구인과 아닌 지구인을 비교하는 실험을 함. 두 그룹 각각에 이야기의 시작 부분을 보여 주고 1분간 토론한 뒤 2분간 앞으로 이어질 내용을 써 보라고 함. 작가가 아닌 지구인들은 이야기에 대해 토론하는 동안 시각 영역이 활성화되었고, 글을 쓰는 동안엔 '해마'와 전두엽이 활성화됨.

- 그러나 작가 지구인들은 토론할 때 시각 영역 대신 언어 영역이 활성화됨. 글을 쓸 때는 일반인들 뇌에서는 활성화되지 않았던 '미상핵'이 활성화되었음. 미상핵은 새로운 기술을 습득하고 습관을 형성하는 부위임. 작가 지구인들은 글쓰기를 하나의 기술로 사용하고 있었음.

작가의 블록

이야기를 만드는 지구인, 즉 작가들은 누구나 한 번쯤 루이처럼 정체기에 시달린다. 정신 분석학자 에드먼드 버글러는 이 현상에 '작가의 블록(Writer's Block)'이라는 이름을 붙였다. 작가의 블록에 부딪힌 지구인들은 더 이상 새로운 작품을 만들 좋은 아이디어를 떠올리지 못하거나, 글 쓰는 속도가 현저히 느려진다. 작가의 블록을 뛰어넘고 싶다면 이런 방법들을 시도해 볼 수 있다.

① 완벽히 쓰겠다는 마음 버리기
② 매일 같은 시간에 글 쓰는 습관 만들기
③ 주변의 책상과 방 정리하기
④ 새로운 글쓰기 스타일 시도하기
⑤ 충분한 휴식 취하기
⑥ 주변 지구인들에게 작품 보여 주고 의견 받기
⑦ 다른 사람들과 모여 함께 쓰기

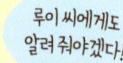

루이 씨에게도 알려 줘야겠다!

7

임시 본부, 외계인의 침입을 받다

아우레 행성은 공식적으로 지구 이주 계획을 포기했다. 하지만 아우린 지구 이주 추진 위원회장인 루나는 포기하지 않았다. 루나는 부하인 스피와 무사히 접선한 뒤 지구 점령 계획을 다시 세웠다.

지구 점령 작전 1단계는 루나를 방해하는 아우레 탐사대를 없애는 것. 스피가 가져온 무기 한 방이면 끝이다. 무기는 하나, 적은 둘. 라후드는 만만하지만 오로라는 아우레 행성 최고의 군인이다. 까딱 잘못하면 오로라에게 잡히고 말 것이다.

루나는 일등학원 4층인 아우린 임시 본부를 노려봤다.

"라후드 혼자 있을 때를 노린다."

오로라는 틈만 나면 창밖을 감시했다. 겉모습만 보고는 누가 외계인을 쫓는 자인지, 누가 외계인인지 알 수 없다. 그래도 아우레 탐사대장 오로라는 감시를 멈추지 않았다. 아우린의 안전을 지키는 것이 오로라의 중요한 임무이기 때문이다.

오로라가 나가자마자 라후드는 탕탕면을 꺼냈다. 오로라가 없는 사이에 재빨리 먹어 치우고, 환기를 위해 창문을 열었다. 입안은 맛있게 얼얼하고 바람은 시원하고 상쾌했다.

"이게 바로 지구의 맛이지!"

라후드가 행복해하는 그 순간이 루나와 스피에게는 절호의 기회였다. 루나와 스피는 복도 쪽으로 열린 창문 틈으로 스르르 미끄러져 들어갔다. 젤리 피부를 말랑말랑하게 늘려 조용히 실내로 스며들었다.

　　스피는 루나 회장님께 충성하기 위해 머나먼 우주를 건너 지구까지 왔다. 불법인 줄 알면서도 루나가 명령한 무기를 어렵게 구해서 우주선을 탔다. 그 우주선에서 보스를 만났고, 보스는 스피 몰래 무기를 장난감으로 바꾸었다.

그 사실을 몰랐던 스피는 장난감 총을 가지고 지구로 오게 된 것이다.

그런데 루나는 스피를 믿지 않았고, 너무나 쉽게 버렸다. 스피는 배신감을 느꼈다.

벌컥, 갑자기 현관문이 열리고 오로라가 들어왔다.

"어떻게 된 거냐?"

오로라의 질문에 라후드는 루나와 스피의 사연을 줄줄 이야기했다. 지구 드라마에 자주 나오는 배신과 음모로 인해 일어나는 이야기가 눈앞에서 펼쳐져 신이 났다. 그리고 그 이야기를 오로라에게 들려줄 수 있다니!

"라후드, 창문을 제대로 잠가라."

오로라는 열린 창문을 다 확인하며 보안을 점검했다.

루나는 조용했다. 저항을 포기한 것처럼 얌전히 묶여 있었다. 그러다 루나를 감시하던 라후드는 잠깐 한눈을 팔았다. 루나는 그 틈을 놓치지 않았다.

벌컥

라후드 씨, 무사합니까?

보스는 눈앞의 광경을 보고 잠시 할 말을 잃었다. 그러나 곧 희미한 미소를 지으며 중얼거렸다.

"무사하군요."

도됴리는 난장판이 된 임시 본부를 보고 눈이 동그래졌다.

"너무해. 나 빼고 다른 외계인 불러서 파티했어?"

도됴리는 바닥에 떨어진 장난감 총을 주워 들고 공중으로 쏘며 뛰어다녔다.

신난다!

여기, 지구 맞습니까?

아우레 최고의 군인 오로라의 빠른 대처로 상황은 정리되었다. 루나는 얌전히 묶였고, 방방 뛰던 도됴리는 의자에 앉았고, 검은 양복은 여전히 겁먹은 상태였지만 쓰러지지는 않았다.

라후드는 보스에게 아까부터 궁금했던 점을 물었다.

"보스, 주름 피부가 왜 그대로예요? 프샤샤프 못 만났어요?"

"말하자면 길어요. 더 중요한 일을 위해 내 일은 잠시 미루었지요."

"보스의 평생 소원이었잖아요. 그래서 귀환 우주선 자리도 양보했고요."

라후드는 보스보다 더 아쉬워했다. 희미했던 보스의 미소가 더 진해졌다.

귀환 우주선이 올 때까지 루나와 스피를 임시 본부에 머물게 할 수는 없었다. 탈출 위험과 정체를 들킬 위험, 두 가지가 동시에 일어날 가능성도 크다.

"외계인들은 내 연구소로 옮겨요. 귀환 우주선이 올 때까지 안전하게 가둘 수 있는 공간이 있어요."

보스의 명령에 따라 검은 양복은 외계인을 싣고 갈 특수 차량을 준비했다.

운전을 하는 검은 양복은 겁이 나서 덜덜 떨렸다. 운전대가 흔들리고 페달을 잘못 밟을 정도였다.

'이러다가 사고 나겠어. 그럼 정말 큰일이지.'

검은 양복은 용기 내서 보스에게 물었다.

"보스, 보스는 지구인 맞나요?"

"왜? 외계인 같아?"

검은 양복은 대답을 못 하고 우물쭈물했다. 검은 양복은 보스를 처음 만났을 때부터 외계인 같다고 생각했다. 이제 보니 외계인 같은 게 아니라 진짜 외계인이었…….

"걱정 마, 나는 지구인이야. 적어도 지금은."

검은 양복이 놀라서 보스를 쳐다봤다. 보스가 예전의 보스답게 호통을 쳤다.

"앞 똑바로 보고 운전해. 외계인이어도 상관은 없지 않아? 검은 양복은 절대 잡아먹지 않을 테니."

"넵, 보스."

검은 양복은 안심하고 쌩쌩 차를 달렸다.

외계인을 태운 검은 차가 동네를 막 빠져나갔다. 대호는 영어 학원에서 돌아오는 길에 그 특이한 검은색 차를 보았다.

"창문을 너무 까맣게 선팅했는데? 수상해."

문득 외계인 공개 수배 전단지가 생각났다.

누가 붙였는지 궁금해서 한번 전화해 보고 싶었는데, 제보할 내용이 없어서 못 했다. 대호는 일단 수상한 차량의 뒷모습을 찍었다.

'이 정도 정보면 전화해도 되나? 괜히 했다가 혼나면 기분만 나쁜데.'

고민하던 대호는 집에 들어와서 비로소 전화를 해 보았다.

 장난 전화일 게 뻔하지만, 수상하다는 자동차는 차주가 자외선을 싫어해서 짙게 선팅했을 게 뻔하지만, 37호는 비밀 요원의 권한으로 차량 조회를 해 봤다.

 조회 결과를 받은 비밀 요원들은 벌떡 일어났다.

 "외계인 의심 차량이다. 당장 출동한다. 제보자에게 다시 전화해 봐."

이 책을 만든 사람들

정재승 기획

KAIST에서 물리학으로 학사, 석사, 박사 학위를 받았습니다. 예일대학교 의과대학 정신과 박사후 연구원, 고려대학교 물리학과 연구교수, 컬럼비아대학교 의과대학 정신과 조교수를 거쳐, 현재 KAIST 뇌인지과학과 교수로 재직 중입니다. 우리 뇌가 어떻게 선택을 하는지 탐구하고 있으며, 이를 응용해서 로봇을 생각만으로 움직이게 한다거나, 사람처럼 판단하고 선택하는 인공지능을 연구하고 있습니다. 쓴 책으로는 <정재승의 과학 콘서트>(2001), <열두 발자국>(2018) 등이 있습니다.

정재은 글

프로젝트를 진행하는 동안 때로는 아싸로, 때로는 라우드로, 때로는 오로라 바바, 도됴리로 끊임없이 정신을 분리하며 도서 전체의 스토리를 진행했습니다. 가 본 적 없는 아우레 행성과 직접 열어 본 적 없는 지구인의 뇌를 스토리 속에 엮어 내기 위해 엄청 열심히 공부를 해야 했습니다. 쓴 책으로 <뚱핑크 유전자 수사대> <멘델 아저씨네 완두콩 텃밭> <미스터리 수학유령> 시리즈 등 다수의 어린이 책이 있습니다. 머릿속 넓은 우주가 어디로 펼쳐질지 모르는 창의력 뿜뿜 스토리텔러.

김현민 그림

일찍이 유럽으로 시장을 넓힌 대한민국의 만화가. 대학에서 산업디자인을 전공한 뒤 어릴 때 꿈을 찾아 만화가가 되었습니다. 프랑스 앙굴렘 도서전에 출품한 것을 계기로 프랑스 출판사에서 <Archibald 아치볼드>라는 모험 만화를 만들고 있습니다. 인간이 아닌 괴물이나 신기한 캐릭터 등 상상력을 발휘할 수 있는 그림을 좋아합니다. 몸은 지구에서 벗어날 수 없지만, 머릿속은 항상 우주의 여행자가 되고 싶은 히치하이커.

이고은 심리학 자문

지구인들의 심리를 과학적으로 설명해서 보여 주는 것이 쥐미이자 특기인 인지심리학자. 부산대학교에서 심리학으로 학사, 인지심리학으로 석사와 박사 학위를 받은 뒤, 강의와 연구를 하고 있습니다. 과학 웹진 <사이언스 온>에서 '심리실험 톺아보기' 연재를 시작으로 각종 매체에 심리학을 소개해 왔으며, <마음 실험실>(2019), <무사히 어른이 될 수 있을까> (2025) 등을 펴낸 과학적 스토리텔링의 샛별.

뇌가 말랑해지는 시간
19권 미리보기

이야기의 끝은 어디?

이 웹툰은 무슨 내용일까?

원하는 이야기로 루이의 웹툰을 다시 써 보아요.

이야기를 이어가 보자

주어진 첫 문장을 시작으로 친구들과 모여 한 문장씩 추가해 봐요.
단, 앞의 친구들이 말한 문장을 기억하고 반복한 뒤에 내 문장을 말할 것.
이야기를 정확히 외우지 못한 사람은 탈락!

(예시)

하나: 우리 집에 외계인이 들어왔어.

대호: 우리 집에 외계인이 들어왔어. / 그 외계인은 덩치가 크고 털이 복슬복슬했어.

유니: 우리 집에 외계인이 들어왔어. / 그 외계인은 덩치가 크고 털이 복슬복슬했어. / 나는 외계인과 친구가 됐어.

써니: 우리 집에 외계인이 들어왔어. / 그 외계인은 … 크고 털이 복슬복슬했어. / 나는 외계인의 …

써니 탈락!

① 어느 날 우리 동네에 외계인이 있다는 소문이 돌았다.

② 길을 가다가 우연히 아빠와 똑같이 생긴 사람을 봤다.

③ 동물병원에서 일하던 오로라가 갑자기 일을 그만뒀다.

우리 정체가 들통난 건 아니겠지?

지구인은 언제나 여행 중!
누구에게는 빠르고 누구에게는 느리고, 복잡하고 흥미로운 시간으로의 여행

　아우린들보다 훨씬 짧은 인생을 사는 지구인들. 그래서 지구인들에게 시간은 중요하다는데……. 시간이 중요한 만큼 지구인들은 시간을 기준으로 활동하는 경우가 많다. 오전 8시 40분에 등교해서 오후 2시가 넘어서 하교하는 지구 어린이들, 9시에 출근해서 6시까지 일을 해야 하는 지구 어른들, 12시에 먹는 점심, 주말 아침 11시에 하는 텔레비전 프로그램 등 지구인의 하루는 시간으로 가득하다. '시간을 아껴 써라.', '시간 아깝다.', '시간은 금이다.' 등 시간을 소중하게 여기는 지구인들의 시각이 담긴 말들도 지구에서는 흔하게 들을 수 있다. 그만큼 지구인들에게 시간은 어디에나 존재하는 중요한 것.
　하지만 모두에게 공평하게 주어진 시간을 지구인이 똑같이 지각하지는 않는다고?
　"일이 너무 하기 싫은데, 퇴근 시간은 오지 않아…….."라고 불평하는 지

구인도 있는 반면, "친구들과 노니까 시간이 금방 가는 것 같아!"라고 아쉬워하는 지구인들도 있다.

특히 "어제는 시간이 빠르게 갔는데 오늘은 시간이 느리게 간다."는 지구인들을 보면 외계인들은 어리둥절하기만 하다.

60분은 한 시간, 60초는 1분. 항상 똑같이 흐르는 시간인데 지구인들은 왜 매일 시간을 다르게 느낄까?

"지구인들은 이성이 낮아서 시간을 정확하게 인지하지 못한다."

시간을 측정하기 위한 도구를 봐야 시간을 알 수 있는 지구인들의 낮은 이성이 어떤 외계인들은 못마땅하기만 하다.

과연 지구에 사는 외계인들은 지구인들처럼 시간을 느낀 적이 없을까? 시간은 정말 항상 일정하게 흐를까?

아우린이 관찰하는 지구인의 "시간" 이야기가 19권에서 이어집니다.

다양한 SNS 채널에서
아울북과 을파소의 더 많은 이야기를 만나세요.

인스타그램
@owlbook21

페이스북
@owlbook21

네이버카페
owlbook21

네이버포스트
아울북 and 을파소

정재승의 인간탐구보고서

18 이야기 공장 뇌, 오늘도 풀가동 중!

기획 정재승 | **글** 정재은 | **그림** 김현민 | **심리학 자문** 이고은
정보글 정유나 오경은 | **사진** gettyimagesbank | **배경설계자** 김지선
펴낸이 김영곤 **펴낸곳** ㈜북이십일 아울북

1판 1쇄 인쇄 2025년 8월 26일
1판 1쇄 발행 2025년 9월 17일

기획개발 오경은 **프로젝트4팀** 김미희 정윤경 **디자인** 김단아
영업팀 정지은 한충희 남정한 장철용 강경남 황성진 김도연 이민재
제작 이영민 권경민

출판등록 2000년 5월 6일 제406-2003-061호
주소 (10881) 경기도 파주시 회동길 201(문발동)
대표전화 031-955-2100 팩스 031-955-2177 홈페이지 www.book21.com

©정재승·김현민·정재은, 2025
이 책을 무단 복사·복제·전재하는 것은 저작권법에 저촉됩니다.

ISBN 978-89-509-8350-5 74400
ISBN 978-89-509-7373-5 74400 (세트)

책값은 뒤표지에 있습니다.
잘못 만들어진 책은 구입하신 서점에서 교환해 드립니다.

- 제조자명 : ㈜북이십일
- 주소 및 전화번호 : 경기도 파주시 문발동 회동길 201(문발동) / 031-955-2100
- 제조연월 : 2025.08.
- 제조국명 : 대한민국
- 사용연령 : 3세 이상 어린이 제품

너와 나, 우리들의 마음을 이해하게 도와줄 첫 번째 뇌과학 이야기
정재승의 인간 탐구 보고서 (1~18권)

❶ 인간은 외모에 집착한다
❷ 인간의 기억력은 형편없다
❸ 인간의 감정은 롤러코스터다
❹ 사춘기 땐 우리 모두 외계인
❺ 인간의 감각은 화려한 착각이다
❻ 성은 우리를 다르게 만든다
❼ 인간은 타고난 거짓말쟁이다
❽ 불안이 온갖 미신을 만든다
❾ 인간의 선택은 엉망진창이다
❿ 공감은 마음을 연결하는 통로
⓫ 인간을 울고 웃게 만드는 스트레스
⓬ 인간은 누구나 더없이 예술적이다
⓭ 인간은 모두 호기심 대마왕
⓮ 인간, 돈의 유혹에 퐁당 빠지다
⓯ 소용돌이치는 사춘기의 뇌
⓰ 사랑은 마음을 휘젓는 요술 지팡이
⓱ 음식, 인간의 마음을 요리하다
⓲ 이야기 공장 뇌, 오늘도 풀가동 중!

인류의 과거와 현재를 이어 줄 아우린들의 시간 여행!
정재승의 인류 탐험 보고서 (1~10권)

 **완간**

❶ 위대한 모험의 시작
❷ 루시를 만나다
❸ 달려라, 호모 에렉투스!
❹ 화산섬의 호모 에렉투스
❺ 용감한 전사 네안데르탈인
❻ 지구 최고의 라이벌
❼ 수군수군 호모 사피엔스
❽ 대륙의 탐험가 호모 사피엔스
❾ 농사로 세상을 바꾼 호미닌
❿ 안녕, 아우레 탐사대!